André Rakowski

IT-Prozessmanagement in KMU – Untersuchung und Optimierung von Kernprozessen durch Veränderung des IT-Servicemanagements

GRIN - Verlag für akademische Texte

Der GRIN Verlag mit Sitz in München hat sich seit der Gründung im Jahr 1998 auf die Veröffentlichung akademischer Texte spezialisiert.

Die Verlagswebseite www.grin.com ist für Studenten, Hochschullehrer und andere Akademiker die ideale Plattform, ihre Fachtexte, Studienarbeiten, Abschlussarbeiten oder Dissertationen einem breiten Publikum zu präsentieren.

Dokument Nr. V168166 aus dem GRIN Verlagsprogramm

André Rakowski

IT-Prozessmanagement in KMU – Untersuchung und Optimierung von Kernprozessen durch Veränderung des IT-Servicemanagements

GRIN Verlag

Bibliografische Information der Deutschen Nationalbibliothek: Die Deutsche Bibliothek
verzeichnet diese Publikation in der Deutschen Nationalbibliografie; detaillierte bibliografische Daten sind im Internet über http://dnb.d-nb.de/ abrufbar.

1. Auflage 2011
Copyright © 2011 GRIN Verlag
http://www.grin.com/
Druck und Bindung: Books on Demand GmbH, Norderstedt Germany
ISBN 978-3-640-85138-6

Hochschule
für Oekonomie & Management
University of Applied Sciences

Berufsbegleitender Studiengang zum Bachelor of Science (B.Sc.)

im Studiengang Wirtschaftsinformatik

7. Semester

Bachelorthesis

IT-Prozessmanagement in KMU –

Untersuchung und Optimierung von Kernprozessen durch Veränderung des IT-Servicemanagements

Bearbeiter   André Rakowski

7. Semester
Studiengang: Bachelor of Science –
Wirtschaftsinformatik
Berlin

Eingereicht am: 24.01.2011

Inhaltsverzeichnis

Abkürzungsverzeichnis

BPMN — Business Process Modeling Notation

COBIT — Control Objectives for Information and Related Technology

CMDB — Configuration-Management DataBase

CMMI — Capability Maturity Model Integration

CI — Configuration Item

DNS — Domain, Name, System

EPK — Ereignisgesteuerte Prozesskette

ERP — Enterprise Resource Planning

ISACA — Information Systems Audit and Control Association

IT — Information Technology

ITEM — Konfigurationselement

ITIL — IT Infrastructure Library

ITSM — IT Service Management

KMU — Kleine und Mittelständische Unternehmen

KVP — Kontinuierlicher Verbesserungsprozess

MFP — Multifunction Printer

OGC — Office of Government Commerce

PDCA — Plan-Do-Check-Act

PRINCE2 — Projects IN Controlled Environments

PROI — Process Return of Investment

SAN — Storage Area Network

SAP — Software, Anwendungen, Produkte

SPOC — Single Point of Contact

SPOF — Single Point of Failure

TVIT — Total Value of IT

UML — Unified Modeling Language

VPN — Virtual Private Network

Abbildungsverzeichnis

Tabellenverzeichnis

Symbolverzeichnis

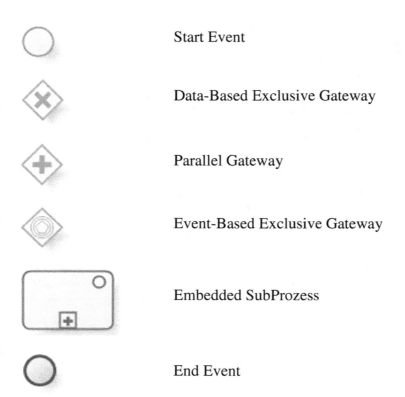

Start Event

Data-Based Exclusive Gateway

Parallel Gateway

Event-Based Exclusive Gateway

Embedded SubProzess

End Event

1. Einleitung

Die vorliegende Bachelor-Thesis befasst sich mit der Einführung von IT-Frameworks in kleinen und mittelständischen Unternehmen (im Folgenden mit „KMU" abgekürzt). Dabei wird untersucht, ob sich Regelwerke sinnvoll einsetzen lassen und in welcher Reihenfolge dieser Einsatz erfolgen sollte.

In dieser Ausarbeitung werden verschiedene aktuelle Werkzeuge im Hinblick auf eine Nutzung in KMU betrachtet, diskutiert und bewertet. Den Abschluss bildet eine auf diesem Konzept erstellte Einführung eines Teilbereiches des gewählten IT-Frameworks.

1.1. Motivation

Standards, Kostensenkung, Prozessunterstützung und -optimierung sind wichtige Punkte bei der Anwendung aktueller Techniken im IT-Bereich. Eine Möglichkeit, diese Punkte zu erfüllen, versprechen die aktuellen IT-Frameworks. Die durch die Hilfsmittel abstrahierte Sichtweise auf sonst sehr komplexe Systeme und Prozesse vereinfachen den Umgang mit den Geschäftsprozessen und IT-Systemen. Eine Bewertung der eigenen Prozesse und Systeme im Hinblick auf die Punkte Effizienz und Risiko wird ermöglicht. Der Umgang mit Geschäftsprozessen in Kombination mit IT-Systemen bildet eines der Tätigkeitsfelder für Wirtschaftsinformatiker[1].

Der möglichst reibungslose Ablauf der IT-Systeme des in Kapitel 3 vorgestellten Unternehmens liegt in meiner Zuständigkeit und Verantwortung. Ich bin seit 24 Jahren in unterschiedlichen Bereichen der IT-Branche tätig und konnte in meinen diversen Aufgabenbereichen umfangreiche Erfahrungen sammeln.

Ich hoffe, dass die Analyse von Prozessen und der Umgang mit IT-Regelwerken in meinem weiteren Arbeitsleben ein wichtiger Bestandteil meiner Tätigkeit sein werden. Ich gehe davon aus, dass die Ergebnisse dieser Arbeit auch für andere Unternehmen interessant sind und Annahmen übertragen werden können.

---

[1] Vgl. Lackes, R. (2011): Wirtschaftsinformatik, o.S.

1.2. Problemstellung

Im Rahmen der Bachelor-Thesis sollen Geschäftsprozesse untersucht und die von ihnen genutzten IT-Dienste näher betrachtet werden.

Durch diese Betrachtung sollen die von den Geschäftsprozessen verwendeten IT-Komponenten identifiziert werden. Dabei wird auf das Problem der Abhängigkeiten der technischen Systeme untereinander eingegangen.

Die Besonderheiten des IT-Einsatzes in KMU sollen betrachtet und hinterfragt werden, speziell die Bewertung der Kosten der IT-Systeme in Unternehmen.

1.3. Zielsetzung

Generelles Ziel ist die Optimierung der Kernprozesse durch die Einführung eines IT-Servicemanagements. Es soll die Frage beantwortet werden, ob die Nutzung von Standards im IT-Bereich auch für KMU sinnvoll ist.

Die Untersuchung soll Empfehlungen für die Einführung und die Nutzung eines IT-Frameworks erstellen und Hinweise für eine zeitliche Abfolge der Einführung eines IT-Regelwerkes aufzeigen.

Es soll zudem gezeigt werden, wie die Informationstechnologie in KMU bewertet wird und welche Besonderheiten in KMU zu berücksichtigen sind. Dabei soll auf EDV-Entscheidungen und Dokumentation im IT-Bereich in KMU eingegangen werden.

Ein weiteres Ziel dieser Arbeit ist es, das Verständnis der Mitarbeiter und der Geschäftsführung für die Unternehmensprozesse und speziell den damit verbundenen IT-Prozessen im Unternehmen zu vergrößern. Die Notwendigkeit von IT und der damit verbundenen IT-Dokumentation soll begründet werden. Investitionen im IT-Bereich des Unternehmens sollen nicht mehr als losgelöst von den Hauptprozessen angesehen werden.

Es wird im Besonderen erhofft, dass sich die Ausfallzeiten bei Schäden von IT-Komponenten oder nach Ausfällen von IT-Systemen nach der Einführung eines IT-Werkzeugs erheblich verringern.

1.4.   Aufbau der Arbeit

Die Aufbaubeschreibung dient dem besseren Verständnis beim Lesen dieser Bachelor-Thesis und gibt grob den Inhalt der einzelnen Kapitel wieder.

Nach dem Einführungskapitel, das die Aufgabenstellung und die Zielsetzung enthält, behandelt das Kapitel 2 den Umgang mit IT speziell in KMU. Dabei wird auf spezifische Besonderheiten der IT-Systeme von KMU und die Arbeit der IT-Mitarbeiter eingegangen. In Kapitel 3 wird das untersuchte Unternehmen anonymisiert vorgestellt. Dabei wird auf die Anzahl der Mitarbeiter, auf die geografische Struktur und die vorhandene IT-Struktur eingegangen. Kapitel 4 stellt eine Reihe von IT-Werkzeugen vor, die für die Nutzung im Beispielunternehmen in Frage kommen. Es werden Einsatzgebiete und -bedingungen für den Einsatz der IT-Frameworks aufgelistet. Im Bereich des 5. Kapitels ist der Entscheidungsprozess angesiedelt, der zum Einsatz der IT Infrastructure Library (im Weiteren mit „ITIL" abgekürzt) als einem aktuellen IT-Werkzeug führt. Das 6. Kapitel stellt das Werkzeug ITIL vor. Dabei wird auf die Entstehung, die Bereiche, Begriffe und Definitionen innerhalb von ITIL eingegangen. Die Darstellung eines für das untersuchte Unternehmen typischen Beispielprozesses ist der Inhalt des Kapitels 7. Dabei werden Überschneidungen des Prozesses mit den Themen von ITIL-Version-3 dargestellt. Anschließend erfolgt aus dieser herausgearbeiteten Überschneidung die Ableitung der Entscheidung für den Einsatz des Configuration-Managements und der Notwendigkeit des Einsatzes einer zentralen Datenbank. Die Auswahl einer Datenbank für das Configuration-Management und das Identifizieren von benutzten IT-Diensten wird im 8. Kapitel untersucht. Dabei wird darauf eingegangen, wie Konfigurationselemente (im Weiteren mit „ITEMs" abgekürzt) aufgenommen werden. Diese Komponenten werden auf Abhängigkeiten voneinander untersucht und in eine Configuration-Management DataBase (im Weiteren mit „CMDB" abgekürzt) übernommen. Die Möglichkeiten, die sich durch den Einsatz der Datenbank ergeben, werden ebenfalls in diesem Kapitel dargestellt. Es werden die Voraussetzungen für einen erfolgreichen Einsatz einer CMDB analysiert. Der Ausblick auf die zukünftige Nutzung des IT-Regelwerks ist der Inhalt des Kapitels 9. Hier werden die Vorteile des Einsatzes weiterer ITIL-Komponenten zum Configuration-Management aufgeführt und auf die Nutzung weiterer IT-Frameworks eingegangen. Das letzte Kapitel fasst die Ergebnisse des Einsatzes des Configuration-Managements und der CMDB im Zusammenhang mit dem aufgenommenen Beispielprozess zusammen.

Meine Arbeit greift auf Daten und Informationen zurück, die in Mitarbeiterinterviews, Literatur und Internetrecherchen gewonnen wurden sowie auf Unternehmenskennzahlen. Zugleich fließen langjährige Erfahrungen aus meinen Tätigkeiten in Unternehmen und im Studium gewonnene Kenntnisse in diese Thesis ein. Die so gewonnenen Daten, Informationen, Kenntnisse und Erfahrungen bilden die Basis dieser vorliegenden Arbeit.

2.   Informationstechnologie in KMU

Die IT ist wichtiger Bestandteil in Unternehmen, ohne die ein Großteil der Kernprozesse von Unternehmen nicht mehr oder nur mit verringerter Effizienz durchführbar sind. IT wirkt unterstützend auf nahezu alle Prozesse. Beispielhaft seien hier genannt: Einkauf, Vertrieb, Lohn- und Gehaltsabrechnung und das Marketing. Welchen Anforderungen und Entwicklungen IT in KMU unterliegt, wird im Folgenden dargelegt.

2.1.   Anpassungen der Anforderungen an die IT

Die Anforderungen an eine zeitgemäße IT Infrastruktur werden nicht nur durch die Notwendigkeiten der innerbetrieblichen Prozesse begründet. Ein großer Teil wird auch durch Gesetze und Bestimmungen in den jeweiligen regionalen Abhängigkeiten festgelegt. Unternehmen sind stark abhängig von ihrer technischen Infrastruktur[2].

Das Unternehmensziel kann in den meisten Branchen nur mit Einsatz von IT erreicht werden. Ohne den IT-Einsatz könnten einzelne Geschäftsprozesse zwar ablaufen, aber das Gesamtunternehmen wäre nicht wettbewerbsfähig.

Die technischen Dienste werden dabei durch ihre Alleinstellung als einzelne Abteilungen neben den Abteilungen mit Kernprozessen als Unterstützung wahrgenommen.

Das vollständige Outsourcen allen IT–Knowhows ist in der in dieser Arbeit betrachteten Branche nicht mehr aktuell, da sich die Unternehmen damit vollständig in die Abhängigkeit eines Dienstleisters begeben. Dieser Zustand ist auch kurzfristig nicht umkehrbar.[3]

Sowohl für Unternehmen als auch für Mitarbeiter haben sich Änderungen in der IT ergeben. Abwechslung im Aufgabenbereich ist für die Mitarbeiter im IT-Bereich einer ständigen Standardisierung gewichen. Der vorhandene permanente

---

[2] Vgl. Elsässer, W. (2006): S. 16
[3] Vgl. Söbbing, T. (2005): S. 9

Verfügbarkeitsanspruch an die IT-Mitarbeiter führt zu Stresssymptomen, z.B. dem Burn-Out.[4]

Derzeit bestehen viele Bemühungen der Unternehmen, IT in Richtung Green-IT und Virtualisierung zu entwickeln. Die Anforderungen an die Dienstleistungen der IT haben sich erhöht.

Die Dienste werden den Unternehmensmitarbeitern durch technische Systeme für die jeweiligen Geschäftsprozesse zur Verfügung gestellt. Das reibungslose Funktionieren dieser Prozesse wird als selbstverständlich gesehen. Die dahinterliegende Komplexität kann von den ungeschulten Bedienern nicht wahrgenommen werden.

2.2. EDV Entscheidungen in KMU

Entscheidungen werden in KMU und speziell in inhabergeführten Unternehmen auf Grund von Erfahrungswerten getroffen. Geschulte Mitarbeiter, die im Bereich des Controllings arbeiten, gibt es nur in 50% der Unternehmen. In größeren Firmen sind es dagegen 90%.[5] Das Thema der Arbeit ist nicht nur für größere Unternehmen wichtig und interessant. Auch in KMU kann das strukturierte Arbeiten mit IT und IT-Regelwerken Möglichkeiten der Optimierung hervorbringen. Um das Einsatzgebiet verständlicher zu machen, werden die Schwellenwerte der Europäischen Union für KMU angegeben:

-   Mitarbeiterzahl < 250,
-   Jahresumsatz ≤ 50 Mio. EUR,
-   Jahresbilanzsumme ≤ 43 Mio. EUR [6].

Die unternehmensweite Nutzung von IT-Budgets ist in KMU ebenfalls nicht die Regel. So sind strategische Planungen im IT-Bereich eher Ausnahmen, operative Entscheidungen dagegen der Regelfall.

Während in der Buchhaltung und in der Verwaltung kaum auf moderne IT-Systeme verzichtet wird, da der Gesetzgeber bestimmte Regelungen vorschreibt, wird die komplette IT-Infrastruktur bei KMU selten kritisch bewertet. In größeren

---

[4] Vgl. Latniak, E. (2010): ITler unter Stress: Burn-out programmiert, o.S.
[5] Vgl. o.V. (2010): Warum Controlling?, o.S.
[6] Vgl. Amt für Veröffentlichungen (2010): S. 15

Unternehmen wird von regelmäßigen Strukturanpassungen aufgrund der dafür benötigten Zeitdauer und des hohen finanziellen Aufwandes abgesehen.

Wichtige Austauschprozesse werden nicht regelmäßig und standardisiert durchgeführt. Die Potentiale der vorhandenen Enterprise Resource Planning-Lösungen (im Folgenden mit „ERP"[7] abgekürzt) werden selten ausgenutzt. Es werden Office-Anwendungen neben der BackOffice-Software eingesetzt. Dadurch entstehen Datenmengen, die in sich inkonsistent sein können. Die Pflege der Datenstruktur ist mit großem Aufwand verbunden, um Datenhaltungsfehler zu vermeiden. Die Geschwindigkeit der Auswertung von Kennzahlen sinkt. Die Akzeptanz der unternehmenseigenen IT-Lösung und damit der IT-Struktur sinkt ebenfalls.

2.3. Einordnung der IT in KMU

Die IT mit ihren Anforderungen wird in KMU meist nur als Belastung betrachtet, so führte Earl z.B. aus, dass meist nur die generischen IM-Strategien der *knappen Ressourcen* oder *Notwendiges Übel* Anwendung[8] finden.

Der IT-Bereich wird als reine Kostenstelle für Hardware, Software und Lizenzgebühren behandelt[9] und nicht als Voraussetzung für den Erfolg der Kernprozesse wahrgenommen. Der fehlerfreie Ablauf der internen Change-Prozesse wird als selbstverständlich vorausgesetzt.[10]

Die Möglichkeit der Weiterbildung der Mitarbeiter der IT in KMU ist sehr eingeschränkt. Optimierungspotentiale, die die technische Entwicklung bietet, werden im Bereich der KMU selten konsequent genutzt. Wettbewerbsvorteile, die sich daraus ergeben könnten, werden nicht gesehen und verschenkt.

---

[7] Vgl. Klodt, H. et al., (2010): Gabler Wirtschaftslexikon, o.S.
[8] Vgl. Earl, M. J. (2001): S. 487ff
[9] Vgl. Hofmann, J.; Schmidt, W. (2010): S. 101
[10] Vgl. Vaske, H. (2010): Die CMDB - Drehscheibe für IT-Services, o.S.

2.4.   Einsatz und Nutzen einer IT-Dokumentation

In KMU, die sich aus Einzelunternehmen entwickelt haben, wird das Controlling selten eingesetzt oder nur in Grundzügen durchgeführt. Das zeigt sich auch in der Dokumentation.

Dokumentationen bilden die Grundlage für Controlling-Prozesse. Das Wissen über die Geschäftsprozesse und die Firmen-IT ist ebenfalls häufig nicht dokumentiert. Nur einzelne Personen haben die Möglichkeit, Arbeitsabläufe in ihrer Gesamtheit zu überblicken und nachzuvollziehen. Ein externer Zugriff auf dieses Wissen ist nicht möglich. Vertretungen durch und von Mitarbeitern oder die Einarbeitung neuer Mitarbeiter werden dadurch erschwert.

Diese Situation stellt ein Risiko für den Geschäftsbetrieb dar. Es wird ein Single Point of Failure gebildet (im Weiteren „SPOF"[11] abgekürzt). Eine gepflegte, aktuelle und brauchbare Dokumentation oder die Kombination mit einem Wissensmanagement in Form von definierten Workflows können Abhilfe schaffen[12].

---

[11] Siehe o.V. (2010): SPOF (single point of failure), o.S.
[12]Vgl. Sonja Gust von Loh (2008): S. 120

3. Unternehmensdarstellung

Das in dieser Arbeit näher betrachtete Unternehmen ist in der Touristikbranche angesiedelt. Die Firmenstruktur deckt einen großen Bereich der touristischen Leistungen ab. Zum Verbund gehören zwei Reiseveranstalter in Berlin und Thüringen, eine Reisebürokette mit 15 Filialen in Berlin und Brandenburg, ein Busbetrieb und eine Werbeagentur.

Alle Standorte sind über VPN-Verbindungen miteinander vernetzt. Es gibt ein zentrales Rechenzentrum mit einer umfangreichen Serverstruktur sowie multiplen Anbindungen an das Internet und an externe Rechenzentren. Am Hauptstandort befinden sich das Rechenzentrum und 35 Arbeitsplätze. Die anderen Standorte weisen zwischen drei und fünf Arbeitsplätze auf.

An allen Standorten werden ausschließlich Netzwerkdrucker und MFP eingesetzt. Die jeweiligen Telefonanlagen sind ebenso aufeinander abgestimmt und miteinander verbunden.

Die Komplexität der im Unternehmen eingesetzten Systeme ist in den letzten Jahren gewachsen. Bestand die IT-Struktur im Jahr 2004 aus 29 Arbeitsstationen und 4 Servern, werden aktuell 135 Arbeitsplätze durch 8 Server versorgt. Es werden auf den Arbeitsplätzen der Anwender unterschiedliche Hardwarekomponenten eingesetzt. Die verwendeten Betriebssysteme in ihren jeweiligen Ausführungen und die mit den Rechnern genutzte Anwendersoftware sind differenziert.

Die Rechenleistung der verwendeten Serverhardware ist in den letzten Jahren angestiegen. Um die Serverhardware besser auszulasten und um Energie zu sparen, wird der Ansatz der Virtualisierung verfolgt. Im Desktopbereich werden ähnliche Überlegungen angestellt, um einen noch besseren Auslastungsfaktor der Serverhardware zu erreichen.

Die im Unternehmen genutzte Hardware, kombiniert mit der eingesetzten Software, ergibt viele unterschiedliche Konfigurationen.

Bei der betrachteten IT-Landschaft zeigt die Nutzung von 20 Routern und Switchen, einem SAN, 60 Druckern, weiteren Hardwarekomponenten, mindestens zehn genutzten Softwareprodukten je Arbeitsplatz sowie einer Vielzahl anderer Dienste die Komplexität einer Fehlersuche beispielhaft auf.

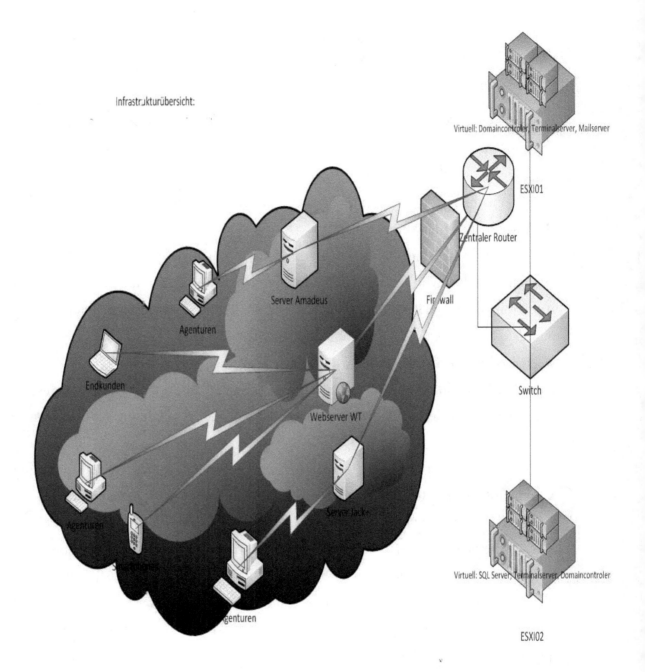

Abbildung 1 IT-Infrastruktur

Die Abbildung *IT-Infrastruktur* zeigt eine schematische Darstellung der Firmenstruktur mit den verschiedenen Anbindungen an externe Partner. Bei der Abbildung wurde zugunsten der Übersichtlichkeit auf die Darstellung der IP-Endgeräte verzichtet.

4. Anwendung von modernen IT-Maßnahmen in Unternehmen

Um die Arbeit der IT zu strukturieren und sie besser bewerten zu können, ist es notwendig, Hilfsmittel zu nutzen. Für diese Zwecke gibt es eine Anzahl von Frameworks, die sich als Standards etabliert haben. Alle IT-Regelwerke haben bestimmte Einsatzzwecke und Voraussetzungen. Sie schließen einen parallelen Einsatz mehrerer IT-Werkzeuge nicht aus. Der Einsatz von IT-Regelwerken erschließt Vorteile für die Kunden und für die IT-Organisation.

Die Kundenvorteile sind wie folgt dargestellt.

- kundenfokussierte Bereitstellung von IT Services,
- bessere Servicebeschreibungen im Sinne des Kunden,
- Management der Qualität, Verfügbarkeit, Verlässlichkeit und Servicekosten, Vorteile für IT-Organisation,
- klare Strukturen mit besserer Effizienz,
- bessere Kontrolle der Infrastruktur und Services,
- einfachere Anpassungen der Strukturen,
- Outsourcing wird ermöglicht,
- Einführung des Qualitätsmanagement wird ermöglicht,
- Frameworks können Referenzwerke für interne und externe Kommunikation darstellen.

Der Einsatz der Werkzeuge kann auch zu folgenden Problemen oder Fehlern führen:

- Die Einführung kann einen langen Zeitraum beanspruchen und zu Frustration führen.
- Prozess-Strukturen zum Selbstzweck können entstehen, die den Ablauf behindern.
- Verbesserungen und Kostensenkungen werden nicht klar genug identifiziert, da keine Ausgangswerte vorliegen.
- Die Einführung der Strukturen erfordert die Akzeptanz auf allen Ebenen der Firmenstruktur.

- Unzureichende Investitionen in die Werkzeuge und in Schulungen für die Mitarbeiter lassen die Werkzeuge nicht funktionieren[13].

Die Voraussetzungen der Regelwerke geben aber eine relative Reihenfolge des Einsatzes der Werkzeuge vor, da die Werkzeuge auf Informationen zurückgreifen, die mit anderen Tools gewonnen werden. Diese Werkzeuge werden in den folgenden Absätzen für den nachfolgenden Auswahlprozess vorgestellt und kurz erläutert.

4.1. Cobit

Ein Framework im Bereich der IT-Governance ist „Control Objectives for Information and Related Technology" (im Weiteren mit „Cobit"[14] abgekürzt). Der Begriff IT-Governance beinhaltet die Steuerung und Kontrolle der IT-Prozesse eines Unternehmens entsprechend der Unternehmensstrategie[15]. Das Werkzeug wird benutzt, um mit Hilfe von IT die Steuerungsvorgaben des Unternehmens kontrolliert umzusetzen. Cobit wird von der Information Systems Audit and Control Association (im Weiteren mit „ISACA" abgekürzt), dem weltweit größten Interessenverband und führenden Anbieter von Weiterbildungen und Zertifizierungen in den Bereichen Ordnungsmäßigkeit und Sicherheit von IT-Systemen, Unternehmens-Governance und IT Management sowie IT-Risiko & Compliance Management, entwickelt.[16] Die ISACA überarbeitet Cobit in regelmäßigen Abständen und aktualisiert die Inhalte.

In der aktuellen Version 4 beinhaltet Cobit 34 Module. Cobit ist ein Rahmenwerk, das hauptsächlich durch Auditoren eingesetzt wird. Cobit ist ein streng ausgerichtetes Modell. Cobit-Module beinhalten Themen über Planung und Organisation, Erfassung und Implementierung, Lieferung und Support, Überwachung und Bewertung und Informationskriterien, die auf IT-Ziele und -Ressourcen ausgerichtet sind.

---

[13] Vgl. van Bon, J. et al., (2008): S. 15
[14] Vgl. o.V. (2010): COBIT Framework for IT Governance and Control , o.S.
[15] Vgl. Fröhlich, M.; Glasner, K. (2007): S. 17
[16] Vgl. o.V. (2010): Über ISACA , o.S.

4.2. ISO/IEC 20000 Standard zum IT-Service-Management

Die ISO/IEC 20000 ging im Jahr 2005 aus der British Standard BS 15000 hervor. Diese gilt als ein Qualitätsstandard für das IT-Service-Management. Dieser Standard ist messbar und zertifizierbar. Die ISO/IEC 20000 ist mit ITIL, einem weiteren IT-Regelwerk, abgestimmt.[17] In der ISO/IEC 20000 wird ein weiterer Standard für die Bereitstellung von Services dargestellt. Diese finden z.B. im Bereich Cloud Computing ihre Anwendung. In den Spezifikationen der ISO/IEC 20000 werden die Anforderungen an die Organisation und das Managementsystem definiert, um den internen und externen Kunden eine Servicequalität garantieren zu können. Verhaltensregeln und Erfahrungen im Umgang mit IT-Services werden im zweiten Bereich der ISO/IEC 20000 beschrieben.[18]

4.3. Prince2

Projects IN Controlled Environments (im Weiteren mit „Prince2" abgekürzt) ist eine Projektmanagement-Methode. Diese hat sich als Methode zu einem Quasi-Standard im Bereich des Projektmanagements entwickelt.[19] Der Standard Prince2 wird ebenso wie ITIL durch das Office of Government Commerce (im Weiteren mit „OGC" abgekürzt) betreut und verwaltet. Die Daten, die der Einsatz von Prince2 benötigt, werden durch die Werkzeuge ISO/IEC 20000 und/oder ITIL gewonnen. Dieses Framework wird darum selten als erstes strukturiertes IT-Werkzeug in Unternehmen eingesetzt.

4.4. IT Infrastructure Library (ITIL)

ITIL in der aktuellen Version 3 ist eine Sammlung von Best Practices, die es ermöglicht, IT-Service-Management (im Folgenden mit „ITSM" abgekürzt) einzuführen und zu nutzen.[20] Das IT-Rahmenwerk wird durch das englische OGC in

---

[17]Vgl. o.V. (2010): Was ist ISO 20000? - Überblick, o.S.
[18] Vgl o.V. (2010): itwissen.info, o.S.
[19]Vgl. o.V. (2010): What is PRINCE2? - PRINCE2 Definition, o.S.
[20]Vgl. o.V. (2010): What is ITIL?, o.S.

Großbritannien herausgegeben, verwaltet und ergänzt. ITIL richtet seine Hauptziele auf die Kundenorientierung und die qualitative Optimierung von IT-Services. Die einzelnen Bereiche von ITIL in der aktuellen Version 3 werden in 5 Publikationen untergliedert und behandelt.[21]

4.5. Sonstige IT-Werkzeuge

Die vorangegangene Aufzählung von Werkzeugen kann durch weitere Standards ergänzt werden. Dazu zählen z.B. RiskIT[22], NIST 800 CMMI[23] und die Balanced Scorecard[24]. Diese Frameworks sind in ihren Einsatzgebieten jedoch stärker spezialisiert und/oder benötigen noch mehr Informationen in stark strukturierter Form. Diese Informationen werden durch die unter den Kapiteln 4.1 bis 4.4 genannten Werkzeuge gewonnen.

Aus diesem Grund empfehlen sich diese Werkzeuge nicht zum Einsatz als erstes strukturiertes IT-Werkzeug. Die Zweckmäßigkeit des Einsatzes dieser Regelwerke muss nach der Einführung der anderen Werkzeuge bestimmt werden. Da das Thema dieser Arbeit der Ersteinsatz von IT-Regelwerken ist, finden die in diesem Punkt aufgeführten Werkzeuge im Folgenden keine weitere Berücksichtigung.

---

[21]Vgl. o.V. (2010): itwissen.info, o.S.

[22] Siehe Kessinger, K.; Marv Gellman, K. (2010): ISACA Launches Risk IT Framework to Help Organizations Balance Risk with Profit (German), o.S.

[23] Siehe Software Engineering Institute (2010): CMMI, o.S.

[24] Siehe o.V. (2010): What is the Balanced Scorecard?, o.S.

5. Entscheidungsprozess und Begründung für die Anwendung von ITIL im betrachteten Unternehmen

Die Betrachtung des Einsatzzwecks und des Einsatzzeitraums der jeweiligen IT-Werkzeuge und der jeweilig benötigten Voraussetzungen führen zu dem Schluss, dass es sinnvoll ist, ITIL als erstes strukturiertes Werkzeug im Unternehmen einzusetzen.

Da die oben genannten Gründe zu dieser Entscheidung führen, muss sie nicht mit Hilfe von AHP oder der Nutzwertanalyse[25] unterlegt werden. Die anderen IT-Werkzeuge nutzen für ihre Arbeit die Strukturen, die erst mit der Einführung von ITIL geschaffen werden[26].

Zu einem späteren Zeitpunkt können die übrigen Frameworks ebenfalls genutzt werden. Auch ein paralleler Einsatz von mehreren IT–Regelwerken kann richtig sein. Sollten in einem anderen Fall schon strukturierte Daten vorliegen, kann sich eine andere Entscheidung als sinnvoll erweisen.

5.1. Darstellung der Zusammenhänge der einzelnen IT-Komponenten im untersuchten Unternehmen

Die derzeitige Dokumentation der IT-Landschaft im betrachteten Unternehmen erfolgt hauptsächlich in Papierform. Dabei werden bei der IT-Dokumentation nur die Lizenzen gesammelt. Diese Lizenzen sind in Ordnern am Zentralstandort zusammengefasst. Informationen über Hardwarekomponenten, Ansprechpartner, Serviceintervalle, Abschreibungsdaten oder Laufzeiten, die Entscheidungsprozesse im Bereich Austausch oder Wartung vereinfachen würden, sind nicht existent. Diese wären in einer IT-Dokumentation ebenfalls nützlich. Eine Beschreibung von Prozessen oder Wartungsplänen sowie Checklisten fehlen. Eine Aufstellung wie im

---

[25] Vgl. o.V. (2010): AHP & NWA - Vergleich und Kombination beider Methoden, o.S.
[26] Vgl. J. van Bon, T. V.; Verheijen, T. (2007): S. 206

BSI-Grundschutz[27] vorgeschrieben, ist ebenfalls nicht vorhanden. Diese Daten könnten eine Grundlage für das eventuell zum Einsatz kommende Regelwerk sein.

5.2. Einführung von Strukturen beim Umgang mit IT

Das Einführen von Strukturen und Regelwerken im untersuchten Unternehmen bedingt eine genaue Betrachtung der firmeneigenen Infrastruktur. Durch diese Betrachtung ist es möglich, beteiligte Komponenten der Prozesse zu identifizieren, aufzunehmen, zu dokumentieren und Abhängigkeiten zwischen diesen darzustellen. Durch die Aufnahme der Prozesse wird ein Verständnis für die Arbeit der unterschiedlichen Abteilungen untereinander geschaffen. Dabei werden eventuell überflüssige Arbeiten und Informationen identifiziert, z.B. werden Informationen für einen Geschäftsprozess einer anderen Abteilung zur Verfügung gestellt, die diese für ihre Arbeit nicht benötigt oder die sie durch Dritte schon erhalten hat. Hier werden Ansätze und Voraussetzungen für einen kontinuierlichen Verbesserungsprozess gebildet.

Die Transparenz der Arbeiten im Unternehmen steigt. Dieser Ablauf führt zu einer steigenden Akzeptanz der Tätigkeiten der Mitarbeiter untereinander. Dadurch kann der Effekt der Mitarbeitermotivation auftreten. Die herausgearbeiteten Strukturen bilden die Basis für die IT- und Geschäftsprozessdokumentation.

5.3. Erhöhung der Servicelevel beim Unternehmen

Die Aufnahme der Geschäftsprozesse macht es erstmals möglich, eine fundierte Risikobetrachtung der IT-Landschaft und der damit verbundenen und abhängigen Geschäftsprozesse durchzuführen. Das Identifizieren von möglichen Risiken und die Untersuchung ihrer Eintrittswahrscheinlichkeiten können genutzt werden, um Potentiale für Risikoverminderungen aufzudecken und anzuwenden. Dadurch wird ein höherer Servicelevel der firmeneigenen IT-Infrastruktur erreicht.

---

[27] Vgl. o.V. (2010): https://www.bsi.bund.de, o.S.

5.4.   Sicherheit bei Systemwechseln

Die Unternehmensdarstellung aus Kapitel 3 zeigt die Komplexität der genutzten IT-Strukturen auf. Auch bei KMU ist es notwendig, Komponenten und Systeme in regelmäßigen Abständen zu warten, aufzurüsten, Updates einzusetzen oder Systeme zu tauschen. Neue Geschäftsprozesse oder Anpassungen von laufenden Prozessen schaffen auch Notwendigkeiten des Einsatzes gänzlich neuer IT-Komponenten. Die Untersuchung der Risiken und die Betrachtung der eigenen Strukturen erhöht die Sicherheit bei notwendigen Systemwechseln.

5.5.   Schaffung von Transparenz und Akzeptanz der IT-Systeme

Die Arbeit mit der firmeneigenen IT-Infrastruktur ist für die Mitarbeiter der Unternehmen eine Selbstverständlichkeit geworden. Durch eigene Erfahrungen im Umgang mit technischen Systemen im Heimbereich werden Rückschlüsse auf die Arbeitsweise der Firmeninfrastrukturkomponenten gezogen. Moderne IT-Architekturen verbergen ihre Komplexität vor den Anwendern. Dieses ist zum Beispiel eine der Kernaufgaben von Betriebssystemen oder von Virtualisierungs-software.

Für die Endbenutzer wird dadurch die Anwendbarkeit erleichtert. Daraus entstehen jedoch auch Nachteile.

Das Bewusstsein der Notwendigkeit von IT-Komponenten, das Begreifen der Komplexität der Strukturen und das Verständnis für die damit verbundenen Kosten für Wartung und Ersatz werden nicht geschaffen. Investitionen in Ausbildung von IT-Mitarbeitern werden unterlassen.

Eine Risikountersuchung und die Aufnahme der firmeneigenen Geschäftsprozesse zeigen die Abhängigkeiten dieser Prozesse von der IT-Struktur. Die Einführung eines Process Return Of Investment (im Weiteren mit „PROI" abgekürzt) stellt die Vorteile des Einsatzes von modernen Komponenten dar.

Zu bewertende Geschäftsprozesse werden vor und nach dem Einsatz neuer IT-Komponenten betrachtet. Entstehende Optimierungsgewinne werden durch den Einsatz des PROI im direkten Zusammenhang mit dem Einsatz und den Kosten der

IT dargestellt. Dadurch werden die Transparenz, die Akzeptanz und die Wertschätzung der firmeninternen IT-Architektur gesteigert.

6.   Vorstellung des ITIL Frameworks

ITIL wird von der OGC definiert. ITIL wird auch beschrieben als „Ein Satz an Best Practice-Leitlinien für das IT-Service-Management". Inhaber von ITIL ist das OGC. ITIL umfasst eine Reihe von Publikationen, die Leitlinien zur Bereitstellung von qualitätsbasierten IT-Services sowie zu den Prozessen und Einrichtungen bieten, die zur Unterstützung dieser Services erforderlich sind."[28]

ITIL befindet sich aktuell im Wandel von der Version 2 zur Version 3. Die Version 3 wurde 2007 herausgegeben. Firmen, die die Version 2 in ihren IT-Prozessen nutzen, werden diese Regelwerke auch weiterhin anwenden, da die Sammlung komplett in den Standard der Version 3 eingeflossen ist und die bedeutendsten Prozesse aus der Version 2 auch die bedeutendsten Prozesse der Version 3 bilden. Das Knowledge-Management ist z.B. ein neuer Prozess in der Version 3. Für Firmen, die ITIL neu einsetzen wollen, ist die Version 3 sinnvoll, da die aktuellsten Erfahrungen der IT-Fachbereiche in die Version eingearbeitet wurden.

Der Einsatz von ITIL ist nicht auf große Unternehmen beschränkt. Auch KMU profitieren von der Einführung von ITIL durch die strukturiertere Arbeitsweise der Geschäftsbereiche. Bei einer korrekten Implementierung entsteht kein zusätzlicher Personalbedarf. Es werden lediglich die Verantwortlichkeiten definiert und zugewiesen. ITIL kann auch in Stufen oder in Teilbereichen eingeführt werden, wenn es aufgrund geringer Ressourcen oder spezifischen Unternehmensbedingungen notwendig oder sinnvoll ist[29].

6.1.   ITIL V3 – Lifecycle Ansatz

IT-Services haben in ihrer Anwendung einen typischen Lebenszyklus. In diesem Lebenszyklus ist ITIL mit den genutzten IT-Services mit Produkten, die aus Geschäftsprozessen entstehen, vergleichbar. Der hier betrachtete Beispielzyklus

---

[28] o.V. (2010): OGC, o.S.
[29] Vgl. o.V. (2010): ITIL für unterschiedliche Unternehmensgrößen, o.S.

beginnt mit der Ideensuche, danach folgt die Produktentwicklung, der Vertrieb des Produktes und das Produktende. Dieser Ablauf ist typisch für das Beispielunternehmen und wurde durch Befragungen in Zusammenarbeit mit den Fachabteilungen des Unternehmens herausgearbeitet.

Der ITIL-Lifecycle und der ausgewählte Beispielprozess können über ihre jeweiligen Abschnitte miteinander in Beziehung gesetzt werden.

Die Wertschöpfung wird bei ITIL Version 3 in den zentralen Fokus gesetzt. Zur Vorstellung der aktuellen Version von ITIL eignet sich am besten die folgende Abbildung, die seit der Version 3 das zentrale Thema von ITIL darstellt.

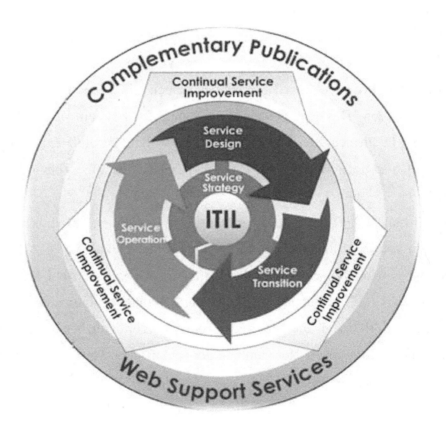

Abbildung 2 ITIL LifeCycle[30]

Die oben stehende Abbildung zeigt die Aktivitäten der einzelnen Bereiche und deren Übergänge und Schnittstellen. Die Übergänge und Schnittstellen sind festgelegt.

Der ITIL Lifecycle-Ansatz hat sich in der Version 3 entwickelt, um ein Organisationsmodel zu schaffen, das die Service-Management-Strukturen darstellt.

---

[30]siehe o.V. (2010): ITIL, o.S.

Die Bereiche Service Operation, Service Design und Service Transition folgen aufeinander. Sie umringen den Bereich der Service Strategie und werden ihrerseits von dem Bereich des Continual Service Improvement eingeschlossen. Das Modell zeigt, dass sich Auswirkungen und Veränderungen eines Bereiches auf das Gesamtmodell auswirken.

Die einzelnen Begriffe des Lifecycle werden im folgenden Kapitel näher beschrieben. Der Lebenszyklus von ITIL Version 3 lässt sich mit dem kontinuierlichen Verbesserungsprozess (im Weiteren „KVP" abgekürzt) oder dem Plan-Do-Check-Act Kreislauf[31] vergleichen. Auch bei ITIL wird der Kreislauf als Basis für das Qualitätsmanagement benutzt.

6.2. Struktur ITIL V3

ITIL in der Version 3 stützt sich auf 5 Kernpublikationen. Diese sind:

1. Servicestrategie (Service Strategy),
2. Serviceentwurf (Service Design),
3. Serviceüberführung (Service Transition),
4. Servicebetrieb (Service Operation),
5. Kontinuierliche Serviceverbesserung (Continual Service Improvement).

Im Bereich Servicestrategie wird das Konzept der IT-Dienstleistungen beschrieben. Es beinhaltet das Ziel der Services, deren Definition, die Logistik, die Spezifikation und die finanziellen Bereiche.

Der Serviceentwurf ist im operativen Bereich angesetzt. Hier wird die Geschäftsperspektive in die Serviceleistungen überführt. Die Servicetransition beschreibt die tatsächliche Umsetzung der geschäftlichen Anforderungen in definierte IT-Dienstleistungen. Dabei werden Risiko- und Nutzwertanalysen getätigt.

Der Servicebetrieb beschreibt die Leistungen, die für den möglichst störungsfreien Ablauf der IT-Dienste notwendig sind. Bei der kontinuierlichen Serviceverbesserung wird das Thema der Prozessoptimierung betrachtet. Inhalte sind Methoden der

---

[31]siehe o.V. (2010): PDCA-Zyklus, o.S.

Definition von Leistungsparametern, Messgrößen und Zielvereinbarungen sowie deren Überwachung. Die Abbildung 3 zeigt die Anpassungen, bei der sich die IT-Services um die Geschäftsprozesse verankern.

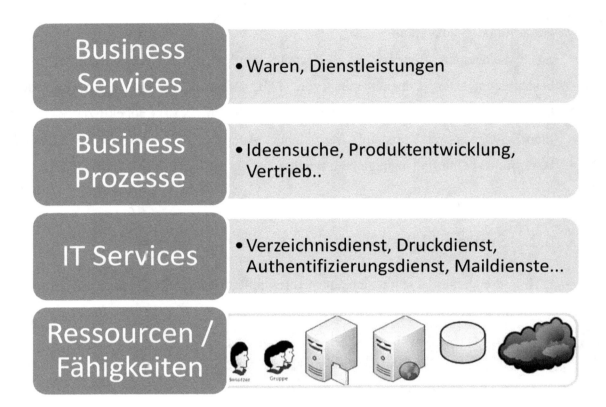

Abbildung 3 Ausrichtung der IT auf die Geschäftsprozesse

Die vorangestellte Abbildung verdeutlicht die Abhängigkeiten der einzelnen Bereiche voneinander. Zu den Ressourcen gehören z.B. die einzelnen Komponenten wie Mitarbeiter oder Internet. IT-Services, wie z.B. Druckdienste, Telefonie-Dienste, E-Mail-Dienste oder ERB-Services sind ebenfalls Bestandteil der Ressourcen.

Die IT-Services unterstützen mit ihren Angeboten die Businessprozesse des Unternehmens. Aus den Geschäftsprozessen werden dann die Business-Services generiert, die das Unternehmen am Markt platziert. Das können z.B. Dienstleistungen oder Waren sein.

6.3. Rollen und Funktionen in ITIL

Rollen, Funktionen und Services sind einige der wichtigsten Begriffe, die in mehreren IT-Frameworks genutzt werden. Rollen definieren im Fall von ITIL eine Sammlung von Aktivitäten, Berechtigungen und Verantwortungen. Diese können einzelne Personen oder auch Gruppen zugewiesen werden. Ebenso können mehrere Rollen auf eine Person oder eine Gruppe übertragen werden[32]. Ein Beispiel ist die Rolle des Service-Owners (Serviceverantwortlicher). Der Besitzer dieser Rolle ist für die Bereitstellung eines genau definierten IT-Services verantwortlich.

Die Funktion Service-Desk ist die Schnittstelle zum Anwender. Sie wird als Single Point of Contact (im Weiteren mit „SPOC" abgekürzt) benannt. Sie garantiert die Erreichbarkeit der IT-Organisation. In diesem Gebiet von ITIL werden die weiteren Support-Bereiche untereinander abgestimmt. Das Service-Desk übernimmt Tätigkeiten anderer Prozesse z.B. Incident Management, Change-Management, Configuration Management. Das Service-Desk ist eine Funktion und kein Prozess.

6.4. Dienste in ITIL

ITIL richtet seine Tätigkeiten, Aufgaben und Richtlinien an den zu erbringenden IT-Diensten aus. Der Begriff IT-Dienst wird in den IT-Frameworks auch synonym mit dem Begriff Service benutzt. „Ein Service ist eine Möglichkeit, Mehrwert für den Kunden zu erbringen, in dem das Erreichen der von den Kunden angestrebten Ergebnisse erleichtert oder gefördert wird. Dabei müssen die Kunden selbst keine Verantwortung für bestimmte Kosten oder Risiken tragen."[33] Die Anwendung der Vorschläge von ITIL hilft, die bestehenden und die neuen IT-Services zu managen. Dabei wird die Verantwortung für Qualität, Verfügbarkeit, Ressourcen, Kosten und Risiken vom Kunden zum Service-Management-Verantwortlichen übertragen.

---

[32]Vgl. Buchsein, R.; Machmeier, V. (2008): S. 50
[33] van Bon, J. et al., (2008): S. 17

7. Untersuchung eines repräsentativen Produktlebenszyklus

Nach der Begründung für die Notwendigkeit eines IT-Frameworks und dem Auswahlprozess für ein geeignetes IT-Werkzeug wird im Folgenden die Nutzung der Tools an einem typischen Prozess im Unternehmen dargestellt. Es wird die Entstehung einer Pauschalreise mit ihren einzelnen Abschnitten von der Ideenfindung, der Kalkulation über den Vertrieb bis zum Lebensende dieser Reise betrachtet. In ITIL V3 wird der Lebenszyklus der IT-Dienste beschrieben, das Modell eines Lebenszyklus wird im gewählten Beispielprozess ebenso verwendet.

Die erste Aufnahme der Architektur von Unternehmensprozessen erfolgt über eine Primärerhebung durch Interviews mit den Produktmanagern und anderen Verantwortlichen. Dadurch werden einzelne Aufgaben identifiziert und in einen zeitlichen Zusammenhang gebracht. Ebenso werden parallele und serielle Anordnungen sichtbar. Dies gehört zu den klassischen Analysemethoden.

Zur Darstellung der Prozesse wird Business Process Modeling Notation (im Weiteren mit „BPMN"[34] abgekürzt) genutzt. Unified Modeling Language (im Weiteren mit „UML"[35] abgekürzt) oder die Ereignisgesteuerte Prozesskette (im Weiteren mit „EPK"[36] abgekürzt) wären andere Möglichkeiten zur Prozessdarstellung gewesen.

Diese Notation ist für die Fachabteilungen und die IT-Abteilungen gut auszuwerten, zu verstehen und anzupassen. BPMN bietet zusätzlich die Möglichkeit, entscheidungsbasierte Gateways zu nutzen. Wenn die BPMN Prozesse immer feiner ausmodelliert werden, können sie zu einem späteren Zeitpunkt in ein Softwaremodell überführt werden.

Diese Möglichkeiten bieten die anderen Notationen UML und EPK nicht. Diese haben andere Einsatzgebiete. Typische Einsatzfelder von UML sind z.B. Vorgehensmodelle wie z. B. das Wasserfallmodell. UML ist mit dem Ziel einer

---

[34] Siehe Leymann, P. F. (2010): Business Process Model and Notation (BPMN), o.S.
[35] Siehe Lackes, R.; Siepermann, M. (2010): UML, o.S.
[36] Siehe Lackes, R.; Siepermann, M. (2010): ereignisgesteuerte Prozesskette, o.S.

universellen Notation für Softwaresystem geschaffen worden[37]. Vorteile der EPK sind die relativ intuitive Benutzung und der hohe Verbreitungsgrad durch das ARIS-Toolset und durch SAP. Einsatzgebiete der EPK sind z. B. Bereiche des Business process re-engeniering, die Definition und Kontrolle von Workflows und die Softwareentwicklung[38].

Die nachstehende Abbildung *Darstellung Produktlebenszyklus (Beispiel)* stellt einen typischen Prozess im betrachteten Unternehmen grafisch mit BPMN dar. Der Prozess ist in einer Lane eingefasst und in vier Abschnitte unterteilt.

Hier werden die Bereiche Ideensuche, Produktentwicklung, Vertrieb und Produktende visualisiert. Diese vier Bereiche sind als eingebettete Subprozesse dargestellt. Sie bilden die oberste Abstraktionsebene im untersuchten Beispielprozess.

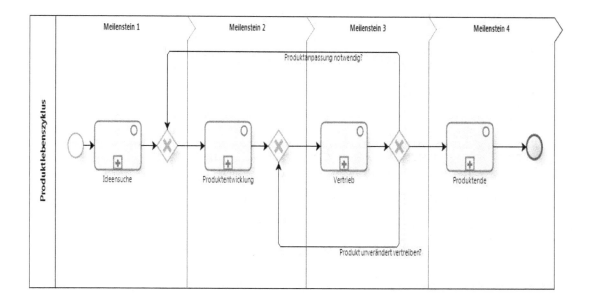

Abbildung 4 Darstellung Produktlebenszyklus (Beispiel)

Der Prozess startet im Bereich des Meilensteins 1 mit dem Task der Ideensuche, um danach in den Bereich Produktentwicklung überzugehen. Dann geht das Token durch

---

[37] Vgl. o.V. (2010): Die Unified Modeling Language - UML, o.S.
[38] Vgl. o.V. (2010): Ereignisgesteuerte Prozessketten, o.S.

die Aufgabe Vertrieb. Nach dieser Stelle existiert ein entscheidungsbasiertes Gateway mit drei möglichen Ausgängen. Möglichkeit 1 sendet das Token wieder vor die Produktentwicklung. Möglichkeit 2 sendet das Token vor den Task Vertrieb und die letzte Möglichkeit leitet das Token zum Bereich Vertriebsende. Am Abschluss nach dem Vertriebsende wird das Token verschluckt.

Um den aufgenommenen Prozess in eine Übersicht einzuordnen, wird auf ein Modell des Beratungsunternehmens, der *camunda services GmbH*[39] zurückgegriffen. Im dargestellten Beispielprozess wird die Prozessanalyse auf der Ebene 1 des BPMN-Frameworks, dem strategischen Prozessmodell genutzt.

Auf die absolut vollständige Semantik wird in der Darstellung des Beispielprozess zugunsten einer leichteren Verständlichkeit verzichtet.

Zum jetzigen Zeitpunkt ist es nicht vorgesehen, aus den für diese Untersuchung aufgenommenen Modellen ein operatives Prozessmodell zu entwickeln. Die Möglichkeit dieser Umsetzung bestünde jedoch.

Ein aus dem strategischen Modell in ein operatives Modell überführter Prozess würde sich nach seiner Umwandlung auf der Ebene 2 des Frameworks befinden.

Der Prozess kann auch weiter moduliert und granuliert werden, um ihn vom fachspezifischen Prozessmodell in ein technisches Prozessmodell zu überführen. Daten, die daraus resultieren, können durch eine Process Engine verwertet werden. Die Möglichkeit, aus einem strategischem Prozess über die Ebenen des Operativen Modells und dem technischen Prozessmodell und den IT-Spezifikationen zu gelangen, ist einer der Vorteile der BPMN. Es besteht die Möglichkeit, aus den aufgenommenen Prozessen eine lauffähige Software zu erstellen, die Kontrolle und Prozessverantwortung übernimmt.[40] Im Bereich der Softwareentwicklung und der Qualitätssicherung wird diese Möglichkeit genutzt.

---

[39] Siehe o.V. (2011): camunda, o.S.
[40] Vgl. o.V. (2010): Prozessoptimierung im Mittelstand: Sieben prämierte Business-Lösungen im Profil, o.S.

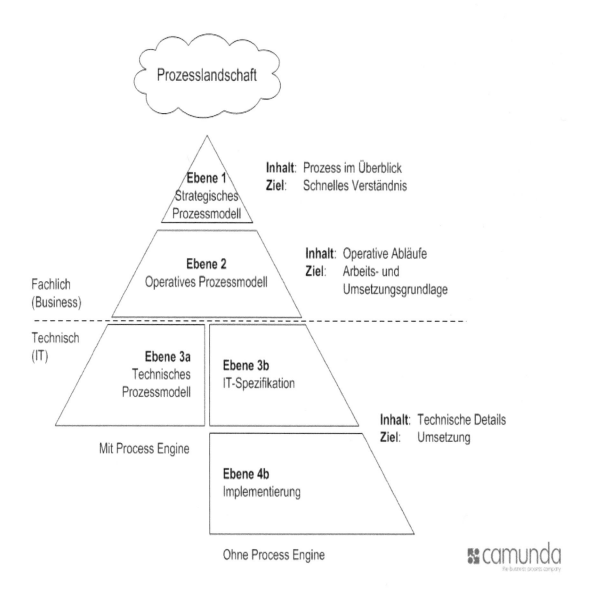

Abbildung 5 camunda BPMN-Framework – Ebene 1[41]

Die theoretischen Annahmen werden nun durch die praktischen Untersuchungen evaluiert.

7.1. Bereiche von ITIL im Zusammenspiel mit dem Beispielprozess

Durch den Ansatz des Lebenszyklus bei ITIL, (siehe Kapitel 6.1.) und dem Lebenszyklus des untersuchten Beispielprozesses lassen sich in den weiteren Untersuchungen Gemeinsamkeiten darstellen. In beiden Prozessen sind ähnliche

---

[41] Siehe Freund, J. et al., (2010): S. 120

Bereiche zu finden. Dazu gehören der Servicebeginn, die Serviceoptimierung und das Ende der Services. Durch diese Gemeinsamkeiten lassen sich bei einer Gegenüberstellung von Business- und ITIL-Prozessen Themengebiete darstellen, in den Zusammenhänge deutlich werden. Um Berührungspunkte zwischen Prozessen und Funktionen aus ITIL V3 und Aufgaben des Beispielprozesses zu veranschaulichen, wurden die Tabellen *Berührungspunkte ITIL – Ideensuche*, *Berührungspunkte ITIL – Produktentwicklung*, *Berührungspunkte ITIL – Vertrieb* und *Berührungspunkte ITIL – Produktende* erstellt.

Dabei wird bei der Betrachtung vom Geschäftsprozess ausgegangen. Das Wissen über diese Prozesse ist in den Fachabteilungen des Unternehmens vorhanden. Die Aufgaben/Tasks wurden in Interviews mit Mitarbeitern der verschiedenen Abteilungen des Produktmanagements aufgenommen.

Aus diesen Daten wurden vier Tabellen gebildet. Die nachfolgende Tabelle ist das Ergebnis der Gegenüberstellung jeder ITIL-Komponente mit den Teilen des betrachteten Beispielprozesses im Prozessbereich *Vertrieb (Tabelle 1)*. Diese Tabelle zeigt die meisten Berührungspunkte zwischen ITIL und dem Beispielprozess. Die bei der Untersuchung der Prozesse identifizierten Berührungspunkte wurden Blau ausgefüllt. Die anderen drei Tabellen mit den Bereichen *Ideensuche (Tabelle 5)*, *Produktentwicklung (Tabelle 6)* und *Produktende (Tabelle 7)* befinden sich im Anhang A.

		Vertrieb								
		Katalog drucken und ausliefern	Produkt bewerben	Kundenbindung auf Messen	Mailings und Kundenzeitung versenden	Produktschulung	Vertrieb über Internet	Direktvertrieb über Telefon	Vertrieb über Amadeus	Vertrieb über Jack+
Service Strategy	Strategy Generation	X					X		X	
	Financial Management	X								
	Service Portfolio Management									
	Demand Management									
Service Design	Service Level Management	X					X	X	X	X
	Service Catalogue Management									
	Information Security Management									
	Supplier Management									
	IT Service Continuity Management	X								
	Availability									
	Capacity Management	X	X	X	X		X	X	X	X
Service Transition	Knowledge	X	X				X	X	X	X
	Change Management						X	X	X	X
	Service Asset and Configuration Management						X	X	X	X
	Transition Planning and Support						X	X	X	X
	Release and Deployment						X	X	X	X
	Service Validation and Testing						X	X	X	X
	Evaluation						X	X	X	X
Service Operation	Funktion: Service Desk	X	X	X	X		X	X	X	X
	Funktion: Technical Management						X	X	X	X
	Funktion: IT Operations Management				X		X	X	X	X
	Funktion: Application Management				X		X	X	X	X
	Incident Management				X		X	X	X	X
	Request Fulfillment				X		X	X	X	X
	Event Management				X		X	X	X	X
	Access Management				X		X	X	X	X
	Problem Management				X		X	X	X	X
Continual Service Improvement	The 7-Step Improvement Process									
	Service Reporting	X	X				X	X	X	X
	Measurement						X	X		
	Business Questions for CSI									
	Return on Investment for CSI						X	X	X	X

Tabelle 1 Berührungspunkte ITIL – Vertrieb

Um die Prozentzahlen zu erhalten, wurden die Tabellen *Berührungspunkte ITIL – Ideensuche, Berührungspunkte ITIL – Produktentwicklung, Berührungspunkte ITIL – Vertrieb* und *Berührungspunkte ITIL – Produktende* ausgewertet.

In diesen Tabellen wird jede herausgearbeitete Aufgabe des Beispielprozesses im Zusammenhang mit jedem Abschnitt der ITIL-Kernpublikationen betrachtet.

	Ideensuche	*Produkt-entwicklung*	*Vertrieb*	*Produktende*	
Service Strategie	7	8	6	4	Berührungspunkte
	28	40	36	20	Mögliche Berührungspunkte
	25,00%	20,00%	16,67%	20,00%	Berührungen in %
Service Design	0	5	14	5	Berührungspunkte
	49	70	63	35	Mögliche Berührungspunkte
	0,00%	7,14%	22,22%	14,29%	Berührungen in %
Service Transition	4	16	31	0	Berührungspunkte
	49	70	63	35	Mögliche Berührungspunkte
	8,16%	22,86%	49,21%	0,00%	Berührungen in %
Service Operation	13	39	44	17	Berührungspunkte
	63	90	72	45	Mögliche Berührungspunkte
	20,63%	43,33%	61,11%	37,78%	Berührungen in %
Continual Service Improvement	12	13	17	7	Berührungspunkte
	35	50	45	25	Mögliche Berührungspunkte
	34,29%	26,00%	37,78%	28,00%	Berührungen in %

Tabelle 2 Übersicht Berührungspunkte ITIL – Beispielprozess – Ebene 1 in Prozent

Die Anzahl der möglichen Berührungspunkte im jeweiligen Bereich wurde ins Verhältnis zu den herausgearbeiteten, existierenden Überschneidungen des Hauptthemas gesetzt. Die Ergebnisse wurden in der obenstehenden Tabelle zusammengefasst und für die Darstellung der *Tabelle 2 Übersicht Berührungspunkte ITIL – Beispielprozess – Ebene 1 in Prozent* verwendet. Diese Daten wurden in nachfolgender Tabelle noch einmal auf andere Art grafisch interpretiert, um einen schnellen Überblick zu ermöglichen.

	Ideensuche	Produkt entwicklung	Vertrieb	Produktende
Service Strategie				
Service Design				
Service Transition				
Service Operation				
Continual Service Improvement				

Tabelle 3 Übersicht Berührungspunkte ITIL – Beispielprozess – Ebene 1

Ab 15 %	Ab 20%	Ab 40%	Ab 50%	Ab 60%

Die unterschiedlich stark mit der Farbe Grau gefüllten Felder stellen in ihren Abschnitten Überschneidungen der Bereiche von ITIL und dem Beispielprozess dar. Der Grad der Einfärbung der Felder richtet sich nach dem Grad der Überschneidungen, wobei die dunkelste Färbung für eine 61,11% Übereinstimmung und die hellste Färbung für eine 0% Übereinstimmung steht. Diese Übersicht wird hier auf dem obersten Abstraktionsniveau des modulierten Beispielprozesses dargestellt. Diese oberste Ebene bietet den besten Überblick über den gesamten Beispielprozess. Aus der vorliegenden Übersicht ist erkenntlich, dass sich eine erhebliche Anzahl der Bereiche von ITIL mit den Aufgaben/Tasks des genutzten Beispielprozesses überschneiden.

Aus den beiden vorangegangen Übersichten geht hervor, dass sich die stärksten Überschneidungen im Bereich des Service Operation und im Prozessbereich Vertrieb befinden.

Die Menge an Überschneidungen lässt darauf schließen, dass die Einführung von Normen in diesen Bereichen schnell zu positiven Entwicklungen führen können. Geschäftsprozesse werden im Bereich des Vertriebes nach den Auswertungen des Beispielprozesses am meisten von normierter IT-Unterstützung profitieren, da es hier die meisten Ansatzpunkte gibt.

Da es im betrachteten Unternehmen aufgrund der Kapazitäten nicht möglich ist, das gesamte ITIL-Framework mit allen Bereichen gleichzeitig zu implementieren, wird im nächsten Kapitel begründet, welcher Teilbereich der sinnvollste für den Beginn der ITIL-Nutzung im untersuchten Unternehmen ist.

7.2. Die Implementierung des Configuration-Management im Beispielunternehmen

Das Configuration-Management bildet die vierte Gruppe im ITIL-Service-Support. Dieser Bereich ist mit dem Bereich des Change-Managements eng verknüpft. Im Configuration-Management werden die Informationen, die sich aus den Change-Prozessen ergeben, verwaltet. Das Change-Management nutzt seinerseits die Daten aus der CMDB für die Abwicklung seiner spezifischen Aufgaben.

Im Configuration-Management werden Datenbanken zur Abbildung der IT-Infrastruktur eines Unternehmens verwendet. Sie können als einzelne Datenbank angelegt sein, aber auch als Verbund unterschiedlicher Systeme arbeiten. Das Configuration-Management arbeitet als zentrales Glied in der Zusammenarbeit zwischen den Bereichen des Service Desk. Aktuelle und historische Daten werden in der CMDB gespeichert. Die Aktualität der Configuration Items (im Weiteren mit „CI" abgekürzt) wird im Configuration-Management überwacht.

Die ITIL-Bereiche Availability-Management, Capacity-Management und Continuity-Management nutzen die Informationen der CMDB, um sinnvoll und effektiv vorzugehen.[42] Die Nutzung eines zentralen Repository führt dazu, dass IT-Services nicht mehr unstrukturiert, wie noch im Jahre 2005, gestaltet werden. Es wird nach der Einführung eher geordnet bis vorrausschauend gearbeitet[43]. Das

---

[42] Vgl. Elsässer, W. (2005): S. 67-72
[43] Vgl. Vaske, H. (2010): Die CMDB - Drehscheibe für IT-Services, o.S.

Unternehmen nimmt für die Arbeit mit strukturierten IT-Werkzeugen die Empfehlung des OGC auf und beginnt die ITIL-Einführung mit der Erstellung einer CMDB.

7.3. Begründung der Notwendigkeit einer zentralen Informationsdatenbank

Das OGC empfiehlt zu Beginn einer ITIL-Einführung einer CMDB. Diese CMDB bildet die zentrale Informationsdatenbank. Die Datenbank fasst alle Informationen zu Wartung, Ersatz, Austausch und wichtige Daten der Systeme an einer Stelle zusammen. So wie es sinnvoll ist ITIL, als erstes strukturiertes IT-Werkzeug einzusetzen, empfiehlt die OCG gleich zu Beginn der ITIL-Einführung die Schaffung einer CMDB. Auf die Informationen, die hier zentral verwaltet werden, greifen die anderen ITIL-Bereiche zurück. Die Zusammenfassung aller CI in einer zentralen Verwaltung der CMDB stellt das Besondere dieser Datenbank dar.

Anders als in einem Asset-Register oder IT-Inventory, werden in einer CMDB die Relationen zwischen den CI mit dargestellt.

Die Configuration-Management-Database ist nicht das Werkzeug für die Konfiguration von Systemen. Sie verwaltet nur die Informationen über die Strukturen. Dabei kann die CMDB auch aus einer Mehrzahl von Datenbanken bestehen, die miteinander verknüpft sind.

Die Darstellung der Abhängigkeiten der einzelnen Elemente der CMDB (ITEMs) ist einer der wichtigsten Vorteile[44] beim Einsatz einer Datenbank im Bereich des Configuration-Managements. Diese in der CMDB dargestellten Zusammenhänge helfen auch, Probleme und Störungen zu beseitigen, die erst in späteren Zeitabschnitten auftreten würden. Weitere Vorteile sind die genaue Übersicht über alle eingesetzten Infrastruktur-Komponenten inkl. der Anschaffungs- und Abschreibungsdaten. Die Verantwortlichkeiten für bestimmte Strukturen können in der Datenbank hinterlegt werden. Diese Informationen werden für die Definition von Workflows für die jeweiligen Bereiche der IT-Landschaft benötigt und systemweit genutzt.

---

[44] Vgl. Hess, A. et al., (2006): S. 7

8. Entscheidungsprozess für eine CMDB und Ersteinrichtung

Die Voraussetzung zur effektiven Anwendung von ITIL ist eine CMDB. Die zunehmende Menge an Informationen und die geografisch immer ausgedehnteren Strukturen des Unternehmens machen das zentrale Erfassen der IT-Service-Informationen notwendig.

Die einfachste Variante einer CMDB ist ein Ordner mit Informationen. In diesem werden alle Informationen an einer Stelle zusammengeführt. Nachteile sind: Er ist nicht elektronisch lesbar, nur an einer Stelle aufrufbar, meist unvollständig und nicht aktuell. Zu empfehlen wäre eine Ablage der Informationen in elektronischer Form um auch von anderen Standorten oder durch andere IT-Servicekräfte gleichzeitig auf die Informationen zugreifen zu können.

Um den eben genannten Nachteilen entgegenzuwirken, werden in der Praxis zunehmend auf Datenbanken basierende, elektronische Kataloge eingesetzt. Die einzelnen Objekte dieser Datenbanken können verteilt in verschiedenster Form oder in Sammlungen vorliegen.

Beim betrachteten Unternehmen wurden durch die Geschäftsführung folgende Anforderungen an die zu nutzende CMDB gestellt:

- verteilte Benutzerzugriffsmöglichkeiten,
- Nutzung mit der vorhanden Hard- und Software,
- die Erstellung einen Nutzerkonzepts,
- gemeinsame Anwendung mit Fremdfirmen,
- günstiger Preis,
- Möglichkeit des Beziehens von Supportleistungen,
- Möglichkeit der Implementation von Zusatzsoftware.

Im Entscheidungsprozess wurden Programme von mehreren Herstellern verglichen, z.B. der CMDB–Manager der Firma USU[45]. Auch die Programme von

---

[45] o.V. (2011): CMDB Manager, o.S.

IBM oder HP wurden betrachtet. Diese fielen jedoch aufgrund des begrenzten Budgets des Unternehmens aus der Auswahl heraus.

Auf Grund des fehlenden Knowhows und der fehlender Ressourcen innerhalb des Unternehmens kommt die Möglichkeit eine Eigenlösung zu entwickeln, nicht in Betracht.

Die Möglichkeit der Einführung der CMDB in einer kostenfreien Variante, die später bei Bedarf in eine kostenpflichtige Variante überführt werden kann, führt zur Entscheidung der Nutzung der Software „i-doit".

Die Software „i-doit" verfolgt dabei einen zentralisierten Ansatz in der Architektur. Die Daten liegen standardisiert vor und können mit Zusatzangaben aus anderen Bereichen ergänzt werden.[46]

Die folgende Abbildung *Übersicht der Module der Software „i-doit"* zeigt die im derzeitigen Softwarestand integrierten Module. Module, die in der Spalte Core Module mit einem * gekennzeichnet sind, sind in der kostenfreien Version der Software enthalten. Module ohne * müssen erworben werden.

ID	Module name	Status	Core module
1	Modulmanager	active	*
2	CMDB	active	*
4	Workflows	active	*
12	Dialog-Admin	active	*
50	Import	active	*
1001	Abhängigkeiten	active	*
6	Systemregistrierungseditor	active	*
1007	LDAP	active	
7	Logbuch	active	*
8	Verwaltung	active	*
9	Benutzereinstellungen	active	*
11	Systemeinstellungen	active	*
10	Suche	active	*
1003	Templates	active	*
1008	Nagios	active	
1002	Export	active	*
1004	Reports	active	
1006	Benutzerdefinierte Kategorie	active	
1005	Request Tracker (TTS)	active	

Abbildung 6 Übersicht der Module der Software „i-doit"

---

[46] Vgl. o.V. (2010): Vier Architekturausrichtungen, o.S.

Für den derzeitigen Beginn der ITIL-Einführung im Unternehmen reichen die in der freien Variante nutzbaren Module aus.

8.1. Identifikation der genutzten IT-Dienste

Für die weitere Arbeit mit der CMDB ist es notwendig, die IT-Komponenten des Unternehmens zu identifizieren. Um die Komplexität dieser Aufgabe zu verringern, werden durch die weitere Untersuchung des Beispielprozesses IT-Services aufgenommen. Diese Services werden dann einzeln und nacheinander untersucht. Einige dieser Services werden in gleicher oder angepasster Form von verschiedenen Aufgaben des Prozesses genutzt. Für jeden Prozess werden die beteiligten CIs aufgenommen.

Die folgende *Abbildung 7* enthält eine detailliertere Ansicht des aufgenommenen Beispielprozesses im Teilbereich Vertrieb. Die Übersichten der anderen Prozesse befinden sich im *Anhang B - BPM Diagramme Ebene 2*. Diese Ansichten wurden durch das Erweitern der vier eingebetteten Sub-Prozesse des Beispielprozesseses erzeugt.

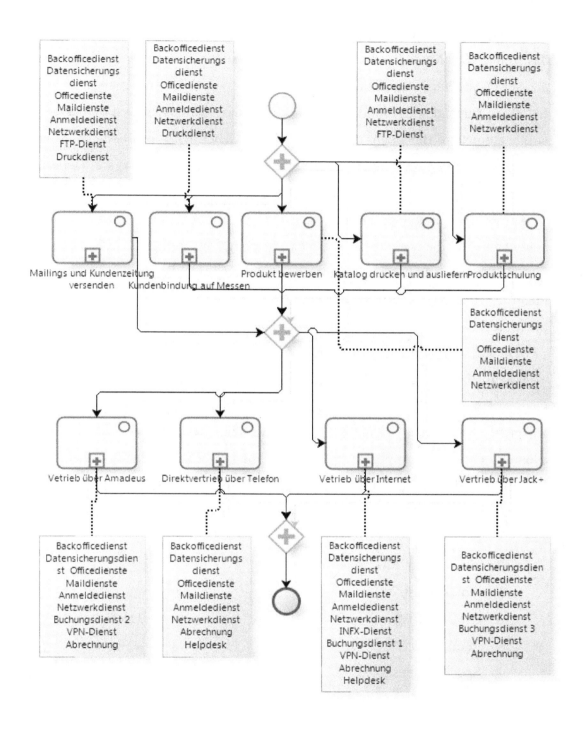

Abbildung 7 Darstellung Vertrieb – BPM Ebene 2

Es wird gezeigt, dass die neuen Aufgaben, die sich durch das Erweitern darstellen, ebenfalls wieder Subprozesse enthalten. Auf die Modulation von weiteren Ebenen wird zugunsten der Übersichtlichkeit verzichtet. Die erstellten Prozesse werden für das strategische Modell genutzt. Der von den Tasks angeforderte IT-Dienst lässt sich aus der Darstellung identifizieren.

In den folgenden Abbildungen werden die Embedded Subprocesses des aufgenommenen Beispielprozesses erweitert. Dabei wird deutlich, dass auch in diesen Prozessen eine Reihe von weiteren Prozessen enthalten ist, die wiederum für sich betrachtet mehrere Aufgaben enthalten können.

Auf die Beschreibung der einzelnen Aufgaben wird im Fall dieser Untersuchung verzichtet. Für die weitere Arbeit ist es wichtig, die mit den Tasks verbundenen Dienste zu identifizieren. Diese werden danach einzeln weiter untersucht. Die identifizierten Dienste werden einzeln betrachtet, um alle beteiligten Hardware- und Software- Komponenten aufzunehmen. Dabei werden auch die Abhängigkeiten zwischen den aufgenommenen Komponenten mit erfasst und dokumentiert.

Wichtig ist es, dass IT-Dienste möglichst granular dargestellt werden. Dadurch kann die gleiche IT-Serviceleistung von unterschiedlichen Geschäftsprozessen in Anspruch genommen werden. In den jeweiligen IT-Diensten ändern sich dann eventuell einzelne Komponenten wie z.B. Drucker, Router oder Personen. Aus der Betrachtung des Beispielprozesses ist es möglich, eine Anzahl von Diensten zu identifizieren, die auch im betrachteten Beispielprozess mehrfach genutzt werden.

IT-Dienste aus dem Prozessteil Ideensuche:

1. Druckdienst,
2. E-Maildienst,
3. Internetdienst,
4. Speicherdienst,
5. Anmeldedienst am Active Directory,
6. Netzwerkdienst,
7. Newsletterdienst,
8. Officedienst,
9. Telefoniedienst,
10. Internetdienst,
11. Backofficedienst,
12. Datensicherungsdienst,

13. Präsentationsdienst.

Nach der Identifikation der Dienste des Beispielprozesses, werden diese nun einzeln untersucht und dokumentiert. Dabei ist es notwendig, alle Komponenten des Beispielprozesses zu identifizieren, die an der jeweiligen Dienstleistung beteiligt sind. Wenn dabei Abhängigkeiten z.B. von Hardwarekomponenten untereinander erkannt werden, müssen diese ebenfalls dokumentiert werden. Eine Abhängigkeit von Personen oder externen Dienstleistern gehört dazu, ebenso wie der Grund der Abhängigkeit.

Dazu bietet sich eine Aufstellung in Tabellenform an. Wenn bei der Untersuchung der Dienste eine Komponente identifiziert wurde, sollte für diese Komponente eine Identifikationsnummer vergeben werden. Diese Identifikationsnummer kann mit den Schlüsseln aus einem Abschreibungsverzeichnis abgestimmt werden. Die Software „i-doit" generiert selbstständig eindeutige Schlüssel mit einem Barcode.

Durch die Untersuchung des E-Maildienstes wurden beteiligte IT-Komponenten identifiziert. Nachstehende Tabelle 4 *Aufstellung CI Maildienst* zeigt die beteiligten ITEMs des E-Maildienstes auf. Dabei werden in der Tabelle auch Abhängigkeiten der ITEMs aufgeführt. Die Gründe der jeweiligen Abhängigkeit werden ebenfalls dargestellt.

Dienst	Komponente	Komponenten Nummer	Abhängig von?	Warum Abhängig?
Maildienst	Desktop PC	0001	0002	Arbeitet nur mit BS
	BS Lizenz Win7	0002		
	Terminalserver Cal	0003	0038	Zuordnung zum Terminal Server
	Rittal Flatpack	0039		
	Switch Cisco - 1	0004	0039	Eingebaut in 0039
	Router Lancom 1721 VPN	0005	0039	Eingebaut in 0039
	Internetprovider Hansenet - 1	0006		
	Internetprovider Hansenet - 2	0034	0007	Hausverkabelung endet in 0007
	Datenschrank	0007		

Dienst	Komponente	Komponenten Nummer	Abhängig von?	Warum Abhängig?
	Rittal TS8 Passiv			
	Datenschrank Rittal TS8 Aktiv	0008		
	Cisco Router Hansenet	0009	0008	Eingebaut in 0008
	Panda Firewall	0010	0008	Eingebaut in 0008
	Lancom Central Gateway	0011	0008	Eingebaut in 0008
	Switch HP ProCurve	0012	0008	Eingebaut in 0008
	DNS Server	0013	0014	Arbeitet auf 0014
	WT-Server01	0014	0008	Eingebaut in 0008
	Windows 2008 BS	0029	0014	Installiert auf 0014
	Active Directory	0015		Arbeitet auf 0014
	ESXI 2 Server	0016	0008	Eingebaut in 008
	VMWare4 SW	0017	0016	Installiert auf 0016
	SAN	0018	0008	Eingebaut in 0008
	Terminalserver 2003-01 BS	0038	0018	Installiert auf 0018
	ESXI 1Server	0026	0008	Eingebaut in 0008
	BS Win2003 WTCom	0019	0026 0018	Gestartet auf 0026 Installiert auf 0018
	Tobit Fx Software	0020	0019	Installiert auf 0019
	Tobit Cal	0021	0020	
	Server Zugriffs Lizenzen	0041	0029	Lizenzen werden auf 0029

Dienst	Komponente	Komponenten Nummer	Abhängig von?	Warum Abhängig?
				verwaltet

Tabelle 4 Aufstellung CI Maildienst

Auch das Beispiel des Druckdienstes zeigt die Komplexität der einzelnen IT-Prozesse. So wird dieser untersucht und die identifizierten Komponenten in der Tabelle *Aufstellung CI Druckdienst* aufgelistet. Diese Tabelle befindet sich im *Anhang C - Darstellung aufgenommener Dienste*. Auch hier werden die Abhängigkeiten dargestellt.

8.2. Einrichtung und Überführung der IT Komponenten in ITEMs der CMDB

Die in der Tabelle aufgelisteten Komponenten werden nun in die Datenbank von „i-doit" überführt. Wenn Daten in bestimmter strukturierter Form vorliegen, können diese automatisiert eingelesen werden.

In diesem Fall existieren diese Daten nur durch die Untersuchung der Dienste und werden manuell in die Datenbank eingepflegt. Die folgende Abbildung 8 *„i-doit" Dashboard* zeigt die Hauptübersicht der Software nach der Einarbeitung der ersten IT-Komponenten.

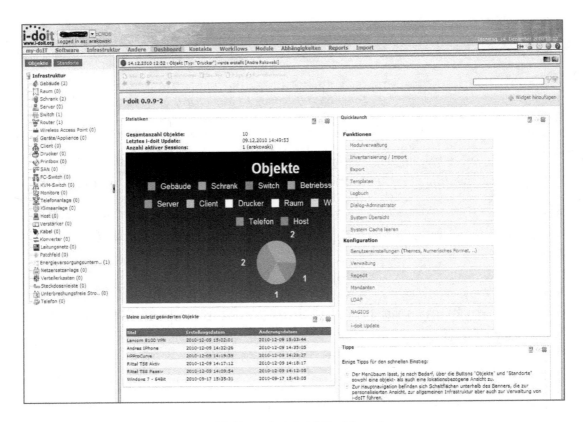

Abbildung 8 „i-doit" Dashboard

Ein Bereich des „*i-doit*" *Dashbord* zeigt die letzten Änderungen an, die im System der Datenbank vorgenommen wurden. In einem anderen Bereich wird die aufgenommene IT-Struktur in einem Diagramm grafisch aufbereitet.

8.3. Möglichkeiten der CMDB

Die Arbeit mit der CMDB ermöglicht der IT-Abteilung, Informationen über die IT-Landschaft des Unternehmens aufzunehmen, darzustellen, zu verwalten und auszuwerten. Dazu gehören die Aussagen über Abhängigkeiten von Objekten der Datenbank untereinander. Die nächste Abbildung *Darstellung Abhängigkeiten von Objekten in der CMDB" i-doit"* zeigt die Abhängigkeit des Arbeitsgruppenswitches HPProCurve vom Datenschrank Rittal TS8 Aktiv. Der Switch ist im oberen Bereich des Datenschrankes eingebaut und darum von ihm abhängig.

Die Aufnahme der Abhängigkeiten der Komponenten untereinander unterscheidet eine CMDB von einer Inventurdatenbank. Die Kenntnisse dieser Abhängigkeiten bilden die Grundlage für Change-Prozesse und Risikobetrachtungen.

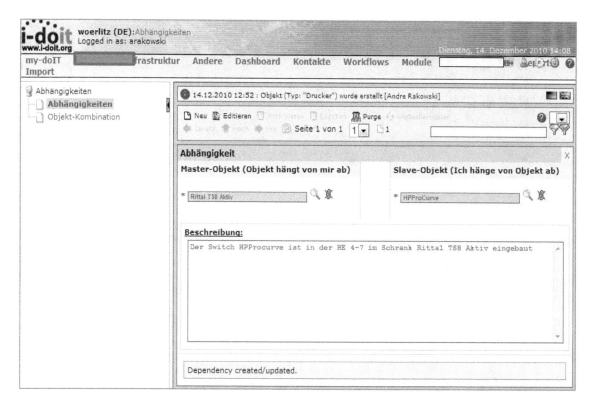

Abbildung 9 Darstellung Abhängigkeiten von Objekten in der CMDB" i-doit"

Die CMDB bietet der IT-Organisationen die Möglichkeit, Task und Workflows zentral abzulegen und zu definieren. Dabei kann für die Definition der Tasks auf alle Objekte der CMDB zurückgegriffen werden. Die nachfolgende Abbildung 10 *Darstellung eines Workflows in der Software „i-doit"* zeigt einen definierten Workflow. Diese Workflows ermöglichen es, einen in seinen Abläufen genau ausgearbeiteten Wechsel von IT-Komponenten vorzunehmen.

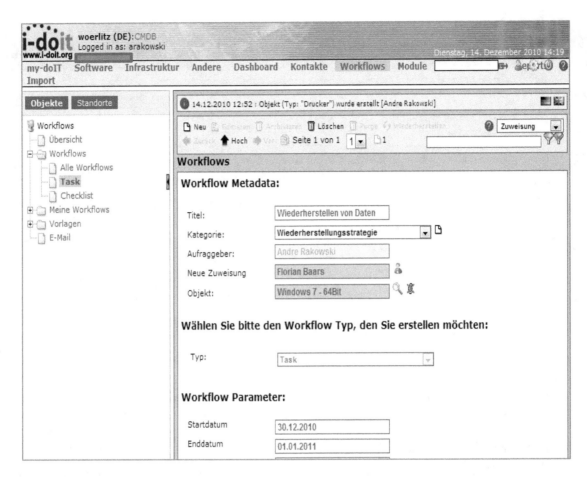

Abbildung 10 Darstellung eines Workflows in der Software „i-doit"

Es ist sinnvoll, auch für unterschiedliche Risikoszenarien, zum Beispiel eines Wassereinbruchs oder eines Diebstahls von Hardware verschiedene Workflows zu vorzubereiten.

8.4. Kritische Erfolgsfaktoren einer CMDB

Die erfolgreiche Nutzung einer Configurationsmanagement Datenbank hängt von mehreren Faktoren ab. Die wichtigsten sind die Aktualität der dargestellten Komponenten und die Vollständigkeit der Datenbank. Jede Änderung der IT-Systeme muss in die Datenbank übernommen werden. Es darf kein Changeprozess ausgeführt werden, ohne die entsprechenden Abhängigkeiten der beteiligten Komponenten zu überprüfen.

9. Ausblick auf die weitere Entwicklung der CMDB im Beispielunternehmen

Nach dem Beginn der Einführung des ersten IT-Werkzeuges für IT-Prozesse zeigten sich sofort die Potentiale, die eine Nutzung dieser Unterstützungswerkzeuge für die Geschäftsprozesse erbringen kann. Die Einführung der CMDB hat sich bei einem Fehlerfall schon bewährt.

Die an dem Internetdienst beteiligten ITEMs waren aktuell definiert und mit ihren Abhängigkeiten in der Datenbank dargestellt. Das hat die Fehlersuche strukturiert und gelenkt. Der Ausfall eines Internetdienstes konnte durch die Nutzung der CMDB in erheblich kürzerer Zeit behoben werden, als es ohne die CMDB möglich gewesen wäre.

9.1. Vervollständigung der CMDB mit Hilfe weiterer Prozessen

Die Arbeit mit der CMDB ist wie bei einem KVP zu sehen. Die Akzeptanz und die Wirksamkeit der Datenbank wachsen mit dem Pflegestand, der Aktualität und dem Inhalt. So ist es wichtig, immer weitere Prozessmodelle aufzunehmen, um daraus wiederum weitere ITEMs zu identifizieren. Dadurch werden auch zusätzliche Abhängigkeiten mitaufgenommen. Die Notwendigkeit der Pflege und der Aktualisierung der CMDB wird fortwährend bestehen, so lange sich an der Umwelt, den Geschäftsprozessen oder an der IT-Struktur selbst Veränderungen ergeben.

9.2. Nutzung der CMDB zur Unterstützung weiterer ITIL-Bereiche und Services

Der Einsatz der CMDB und des Configuration-Managements eröffnet Möglichkeiten für den Einsatz weiterer Komponenten von ITIL. Dabei ist es sinnvoll, aufbauend auf der CMDB, die anderen Komponenten des Bereiches Service Operations einzuführen und sich danach den anderen Bereichen von ITIL wie dem Bereich Service Strategy,

Service Design, Service Transition und dem Continual Service Improvement zuzuwenden.

- Change-Management

Der Einsatz des Change-Managements erhöht die Wirksamkeit einer CMDB. Alle Informationen des Change-Managements kommen aus der CMDB und fließen nach der Ausführung des Change-Prozesses wieder in diese ein. Änderungen an CI werden durch das Change-Management genehmigt. Änderungen werden dabei geplant und auf bestehende Abhängigkeiten Rücksicht genommen.

- Incident-Management

Der Bereich des Incident-Management ist für das dauerhafte Bereitstellen eines IT-Service verantwortlich. Mögliche Störungen werden erfasst. Anwendern wird der erste Support geleistet. Informationen über die Störungen werden erfasst und dokumentiert. Ein Anteil der benötigten Informationen für den Support kommt aus der CMDB.

- Problem-Management

Das Problem-Management untersucht die Ursachen auftretender Fehler und ist verantwortlich für die nachhaltige Beseitigung von Störungen. Endgültige herausgearbeitete Lösungen werden dem Change-Management übergeben. Informationen für die Beseitigung der Störungen kommen teilweise aus der CMDB.

- Release-Management

Das Release-Management gibt den Einsatz neuer Hard- und Software frei. Dabei orientiert es sich an Unternehmensrichtlinien. Es plant das Rollout von Hardware und Softwarekomponenten.

- IT Service Continuity-Management

Das Continuity-Management ist verantwortlich für die Planung von Maßnahmen im Katastrophenfall. Es setzt das Werkzeug der Risikoanalyse ein, um die möglichen eintretenden Kosten beurteilen zu können. Das Continuity-Management arbeitet dabei eng mit den Bereichen des Change-Managements und den Prozessen des Service Delivery zusammen. Ein Teil der für die Abläufe des Continuity-Managements notwendigen Informationen kommt aus der CMDB.

Nach dem Beginn der Implementierung des Configurations-Managements sollte, wenn die Ressourcen es zulassen, das Change-Management als zweite Komponente der ITIL Service Transition eingeführt werden. Die Einführung der anderen Komponenten kann danach je nach zeitlicher Kapazität erfolgen.

9.3. Einführungen weiterer IT-Regelwerke

Im ITIL Bereich IT Security Management wird die Einführung und Gewährleistung eines festgelegten Sicherheitsstandards für die IT-Infrastruktur des Unternehmens behandelt. Wichtige Bereiche sind dabei die Themen Vertraulichkeit, Integrität und die Verfügbarkeit. Über Risikoanalysen wird der interne Sicherheitslevel bestimmt. Daraus besteht die Möglichkeit, ein definiertes und zertifizierbares Sicherheitslevel zu erreichen.

Dieses Zertifikat wird als IT-Grundschutz[47] bezeichnet. IT-Grundschutz ist ein weiteres IT-Werkzeug. Die Zertifizierung nach IT-Grundschutz hat dabei für die Kunden des Unternehmens einen vertrauensbildenden Effekt. Der Umgang mit Daten und IT-Systemen wird nach geprüften Regeln vorgenommen. Die CMDB liefert für die Errichtung der Zertifizierung nach IT-Grundschutz einen großen Anteil der benötigten Informationen. Informationen, die durch die Einführung der Methoden und Regeln des IT-Grundschutzes erlangt werden, können und sollten Eingang in die CMDB finden.

---

[47] Vgl. o.V. (2010): IT-Grundschutz, o.S.

10. Zusammenfassung

Zum Abschluss der Arbeit werden die Ziele, die für die Einführung eines IT-Regelwerkes notwendig sind, betrachtet. Haben die Entscheidung für ITIL und der Aufbau der CMDB als ersten Schritt in der gesamten ITIL Regelstruktur positive Effekte gezeigt? Um diese Frage zu beantworten, wird noch einmal auf die Zieldefinition eingegangen.

10.1. Überprüfung der Ziele aus dem Kapitel 5

Die Fragen aus dem Kapitel 5 können nur für den betrachteten Beispielprozess beantwortet werden.

- Darstellung der Zusammenhänge der einzelnen IT-Komponenten

Durch die Betrachtung des Beispielprozess war es möglich, den IT-Dienst und folglich die darin vorhanden IT-Komponenten zu identifizieren und inventarisieren. Dabei wurden Zusammenhänge und Abhängigkeiten zwischen einzelnen Komponenten sichtbar. Diese wurden schließlich dokumentiert.

- Einführung von Strukturen beim Umgang mit IT

Die Aufnahme des Beispielprozesses zeigt die Möglichkeiten, die eine strukturierte Betrachtung der Geschäftsprozesse mit den dazu gehörigen IT-Prozessen an Vorteilen erbringt. Doppelte Arbeiten und Informationen werden identifiziert und mögliche Verbesserungen im Ablauf des Geschäftsprozesses erkennbar. Das Optimierungspotential der einzelnen IT-Komponenten kann genutzt werden.

- Erhöhung der Service Level beim Unternehmen

Das Auseinandersetzen mit dem aufgenommen Prozess hat aufgezeigt, dass es Möglichkeiten gibt, Informationen intern und extern auf andere Art zu verteilen. Wird derzeit noch viel per Fax kommuniziert, bietet sich die Kommunikation per Mail oder sogar per Schnittstelle an. Dadurch werden nicht nur Kosten eingespart.

Durch die Entlastung des Faxsystems stehen die Faxleitungen den Mitarbeitern für Telefonie-Dienste zur Verfügung. Die Erreichbarkeit des Gesamtunternehmens erhöht sich, folglich steigt der Servicelevel.

- Sicherheit bei Systemwechseln

Durch die Inventarisierung der IT-Komponenten ist ein Ansatz für eine Risikobetrachtung des IT-Systems geschaffen worden. Die Systeme können nun auf ihre Verfügbarkeit hin betrachtet werden. Positive Redundanzen, die die Verfügbarkeit erhöhen, werden registriert. Durch die Aufnahme der Abhängigkeiten können für einen Systemwechsel alle betroffenen Komponenten auf ihre Updatefähigkeit hin untersucht werden. Bei einem Systemfehler können die betroffenen Komponenten getauscht, alle Abhängigkeiten hergestellt werden oder, wenn es möglich und sinnvoll ist, aufgelöst werden.

- Schaffung von Transparenz und Akzeptanz der IT Systeme

Die Arbeit mit dem Beispielprozess, die CMDB, das erhöhte Servicelevel des Unternehmens und die verbesserte Ausfallsicherheit schaffen eine größere Akzeptanz der Firmen-IT im gesamten Unternehmen. Die einzelnen Mitarbeiter erkennen, in welchem Maße ihre Arbeit von dem reibungslosen Ablauf der IT-Systeme abhängig ist und welches Potential sich in der Optimierungen ihrer Prozesse verbirgt. Die Geschäftsleitung kann die Notwendigkeit weiterer, regelmäßiger Investitionen für erforderliche Systemwechsel oder neue IT-Komponenten zur Minimierung der Risiken und Optimierung der Geschäftsprozesse besser nachvollziehen.

10.2. Überprüfung der Zielsetzung

Die Ziele, die mit der Einführung eines geeigneten IT-Regelwerkes aufgestellt wurden, können für die Arbeit mit dem Beispielprozess als erfüllt angesehen werden. Es ist nun notwendig, jeden Geschäftsprozess des Unternehmens ebenso wie den betrachteten Prozess aufzunehmen, um weitere IT-Dienste, IT-Komponenten und

Strukturen und die entsprechenden Abhängigkeiten zu erkennen, zu untersuchen und zu dokumentieren.

10.3. Notwendige Hilfsmittel für die Erreichung der Ziele

Die Notwendigkeit der Arbeit, die Geschäftsprozesse zu untersuchen, muss durch die Geschäftsführung erkannt und unterstützt werden. Diese Untersuchungen binden Ressourcen z.B. werden Mitarbeiter außerhalb ihres eigentlichen Kerngeschäftes tätig. Dieses sind Ressourcen die anderen Bereichen temporär nicht zur Verfügung stehen.

Durch die Identifizierung von möglichen Risiken in der IT-Struktur wird notwendiger Investitionsbedarf dargestellt. Es werden Kosten entstehen, die getragen werden müssen.

Die Mitarbeiter der Fachabteilungen müssen in die Pflege der Geschäftsmodelle dauerhaft involviert und kontinuierlich motiviert werden. Das Einführen einer anderen IM-Strategie z.B. mit Budgets für die IT-Bereiche und IT-Services ist ebenfalls ein möglicher Erfolgsfaktor.

11. Fazit

Diese Arbeit verfolgte das Ziel, zu prüfen, ob der Einsatz von IT-Frameworks in KMU sinnvoll ist. Es zeigte sich, dass aktuelle IT-Regelwerke in KMU Bestand haben und zudem auch einen Wettbewerbsvorteil bieten. Die Einführung von Bereichen von ITIL führt zur Optimierung von Strukturen in der IT-Infrastruktur führen. Weiteres Optimierungspotential konnte aufgezeigt werden. Die Geschäfts- und IT-Prozesse konnten im Sinne eines KVP neu bewertet und angepasst werden. Dabei wurden die IT-Komponenten, die über die IT-Services von den Geschäftsprozessen genutzt werden, identifiziert.

Die Implementierung weiterer ITIL-Bereiche kann die Potentialerhöhung der IT-Prozesse vervollständigen und damit die Effizienz der Geschäftsprozesse steigern.

Die Planung und der Einsatz eines Budgets im IT-Bereich kann eine strukturierte und regelmäßige Aktualisierung der IT-Komponenten ermöglichen. Dabei würden die IT-Komponenten im Hinblick auf Redundanz und Ausfallrisiko untersucht werden.

Das Einbeziehen der Investition für die IT in die Bewertung der einzelnen Geschäftsprozesse mittels PROI, würde die Nützlichkeit neuer IT-Infrastruktur und Infrastrukturkomponenten sowie die möglichen Einsparpotentiale zeigen. Die Kosten für neue IT-Systeme können in direkten Zusammenhang zu den Geschäftsprozessen gebracht und gemeinsam mit diesen bewertet werden.

Die Mitarbeiter und die Geschäftsführung würden Werkzeuge zur Beurteilung der Unternehmensprozesse erhalten. Die Geschäftsprozesse würden dadurch auf ihre Notwendigkeit und Effizienz hin untersucht werden können. Das Verständnis der Mitarbeiter für die Geschäftsprozesse und die unterstützenden IT-Prozesse kann gefördert werden. Eine Dokumentation für die Geschäftsprozesse sowie für die unterstützenden IT-Prozesse kann entstehen.

Das besondere Ziel dieser Arbeit, ein System zu erstellen, welches bei Ausfällen von IT-Komponenten zur Verringerung der Ausfallzeiten führt kann - wie in Kapitel 9 beschrieben - als erfüllt angesehen werden.

Bei all den positiven Möglichkeiten die der Einsatz von IT-Frameworks im allgemeinen und ITIL im Besonderen auch für KMU bewirken kann, darf nicht vergessen werden, dass:

- Der Zeitraum für die Einführung eines IT-Regelwerkes oft zu gering angesetzt wird.

- In KMU die finanziellen Mittel für den Einsatz von IT-Regelwerke selten eingesetzt werden.

- Die Notwendigkeit für den Einsatz der Werkzeuge nicht erkannt oder ignoriert wird.

- Die eingeführten Frameworks nicht genutzt werden, da die Ressourcen nicht ausreichen oder die Mitarbeiter nicht zum Einsatz dieser Werkzeuge motiviert werden.

- Die Pflege von IT-Werkzeugen und Regelwerken eine nie endende Aufgabe im Unternehmen ist.

Der Einsatz von IT-Prozessmanagement kann einen wichtigen Teil zur Optimierung der Geschäftsprozesse leisten, wenn dieser Einsatz der IT-Werkzeuge vom gesamten Unternehmen gestützt wird Diese Arbeit kann deshalb in erster Linie als Empfehlung und Orientierung für KMU verstanden werden.

Anhang A - Vergleichstabellen ITIL-Beispielprozess

		Ideensuche						
		Messe besuch	Anregung Reiseleiter / Kunden auswerten	Fachpresse auswerten	Vorschläge von Leistungs- gebren prüfen	anstehende Events ein- beziehen	Auswertung alter Produkte zur	Beratung im Team / Brainstorming
Service Strategy	Strategy Generation	■			■		■	■
	Financial Management	■			■		■	
	Service Portfolio Management							
	Demand Management							
Service Design	Service Level Management							
	Service Catalogue Management							
	Information Security Management							
	Supplier Management							
	IT Service Continuity Management							
	Availability							
	Capacity Management							
Service Transition	Knowledge						■	■
	Change Management						■	■
	Service Asset and Configuration Management							
	Transition Planning and Support							
	Release and Deployment							
	Service Validation and Testing							
	Evaluation							
Service Operation	Funktion: Service Desk	■	■	■	■	■	■	■
	Funktion: Technical Management	■						
	Funktion: IT Operations Management	■						
	Funktion: Application Management	■					■	
	Incident Management	■						
	Request Fulfillment	■						
	Event Management	■				■		
	Access Management	■		■			■	
	Problem Management						■	
Continual Service Improvement	The 7-Step Improvement Process							
	Service Reporting	■	■	■				■
	Measurement	■						
	Business Questions for CSI			■				
	Return on Investment for CSI		■				■	

Tabelle 5 Berührungspunkte ITIL – Ideensuche

		Produktentwicklung									
		Angebote anfordern	Angebote von Leistungsgebern sichten	Eventpreise prüfen	Alte Produkte neu bewerten	auswerten und vergleichen der Angebot	Angebote annehmen	Angebote ablehnen	Kalkulation	Ausschreibung und Produktdarstellung	Bereitstellung Stammdaten / Anlage im ERP-System
Service Strategy	Strategy Generation	■							■		
	Financial Management	■			■	■	■	■			
	Service Portfolio Management										
	Demand Management										
Service Design	Service Level Management										
	Service Catalogue Management										
	Information Security Management										■
	Supplier Management										
	IT Service Continuity Management	■	■			■					■
	Availability										
	Capacity Management										
Service Transition	Knowledge	■	■	■	■	■				■	
	Change Management	■	■		■	■				■	
	Service Asset and Configuration Management										
	Transition Planning and Support										
	Release and Deployment										
	Service Validation and Testing										■
	Evaluation										■
Service Operation	Funktion: Service Desk	■	■	■	■	■	■	■	■	■	■
	Funktion: Technical Management										
	Funktion: IT Operations Management	■									
	Funktion: Application Management	■	■							■	
	Incident Management		■								
	Request Fulfillment		■								
	Event Management										
	Access Management		■		■		■	■	■	■	
	Problem Management		■								
Continual Service Improvement	The 7-Step Improvement Process										
	Service Reporting	■	■	■	■	■					
	Measurement					■		■			
	Business Questions for CSI	■									
	Return on Investment for CSI										

Tabelle 6 Berührungspunkte ITIL – Produktentwicklung

		Produktende				
		Zahlen von Rechnungen	Auswerten von Berichten	Bearbeiten von Reklamationen	Produkt archivieren	Ablehnung eines neuen Angebotes
Service Strategy	Strategy Generation	■	■	■		
	Financial Management	■				
	Service Portfolio Management					
	Demand Management					
Service Design	Service Level Management	■			■	
	Service Catalogue Management					
	Information Security Management	■			■	
	Supplier Management					
	IT Service Continuity Management				■	
	Availability					
	Capacity Management					
Service Transition	Knowledge					
	Change Management					
	Service Asset and Configuration Management					
	Transition Planning and Support					
	Release and Deployment					
	Service Validation and Testing					
	Evaluation					
Service Operation	Funktion: Service Desk	■	■	■	■	■
	Funktion: Technical Management					
	Funktion: IT Operations Management					
	Funktion: Application Management	■	■			
	Incident Management					
	Request Fulfillment					
	Event Management					
	Access Management	■	■	■	■	■
	Problem Management	■	■	■	■	■
Continual Service Improvement	The 7-Step Improvement Process					
	Service Reporting	■	■	■	■	■
	Measurement		■	■		
	Business Questions for CSI					
	Return on Investment for CSI					

Tabelle 7 Berührungspunkte ITIL – Produktende

Anhang B - BPM Diagramme Ebene 2

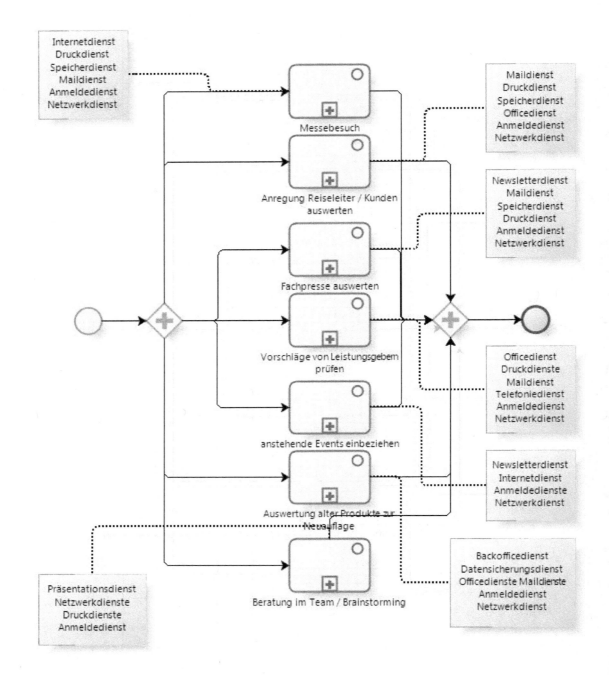

Abbildung 11 Darstellung Ideensuche – BPM Ebene 2

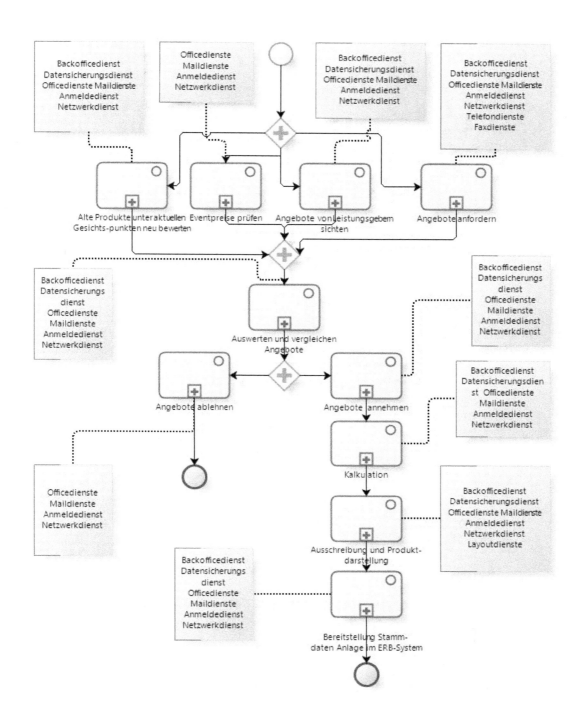

Abbildung 12 Darstellung Produktentwicklung – BPM Ebene 2

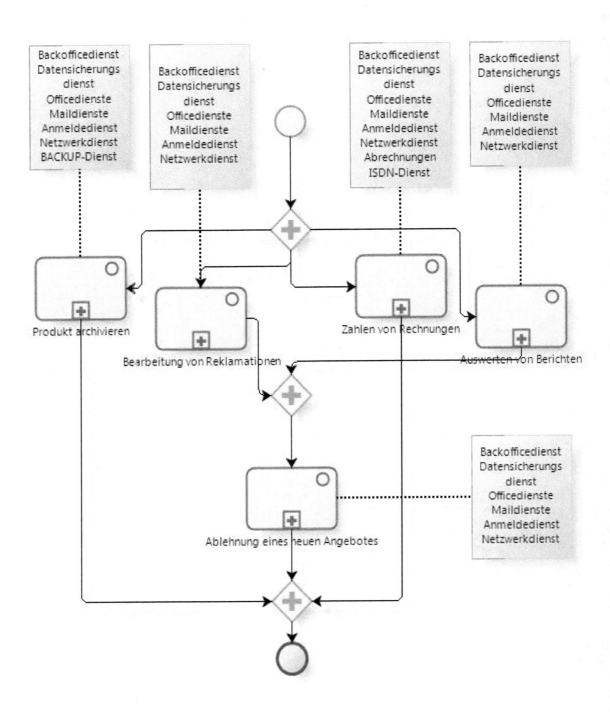

Abbildung 13 Darstellung Produktende – BPM Ebene 2

Anhang C - Darstellung aufgenommener Dienste

Dienst	Komponente	Komponenten Nummer	Abhängig von?	Warum Abhängig?
Druckdienst	Desktop PC	0001	0002	Arbeitet nur mit BS
	BS Lizenz Win7	0002		
	Office 2010 Lizenz	0022	0002	Benötigt BS
	Domain Cal	0023	0029	Domainservice installier auf 0029
	Switch Cisco 16 Port	0035	0039	Eingebaut in 0039
	Rittal Flatpack	0039		
	Router Lancom 1721 VPN	0006	0039	Eingebaut in 0039
	Internetprovider Dt. Telekom	0007		
	Internetprovider Hansenet	0034	0007	Hausverkabelung endet in 0007
	Datenschrank Rittal TS8 Passiv	0007		
	Datenschrank Rittal TS8 Aktiv	0008		
	Cisco Router Hansenet	0009	0008	Eingebaut in 0008
	Panda Firewall	0010	0008	Eingebaut in 0008
	Lancom Central Gateway	0011	0008	Eingebaut in 0008
	Switch HP ProCurve	0012	0008	Eingebaut in 0008
	SAN	0018	0008	Eingebaut in 0008
	ESXI1 Server	0026	0008	Eingebaut in 0008
	VMWare4	0027	0026	Installiert auf

Dienst	Komponente	Komponenten Nummer	Abhängig von?	Warum Abhängig?
				0007
	Virtueller Druckserver BS Windows 2003	0028	0027	Installiert auf 0027
			0018	Installiert auf 0018
	Thinprint Software	0036	0028	Installiert auf
	Thinprint Cal	0037	0036	Ermöglicht Zugriff auf Drucker
	WTServer01	0014	0008	Eingebaut in 0008
	BS Windows2008	0029		
	Sharp Ar-M 3500	0030		
	Server Zugriffslizenz	0041	0029	Lizenzen werden von 0029 verwaltet

Tabelle 8 Aufstellung CI Druckdienst

Dienst	Komponente	Komponenten Nummer	Abhängig von?	Warum Abhängig?
Internetdienst	Router Siemens SL	0031	0008	Eingebaut in 0008
	Lancom Central Gateway	0011	0008	Eingebaut in 0008
	Panda Firewall	0010	0008	Eingebaut in 0008
	HP Switch	0012	0008	Eingebaut in 0008
	Datenschrank Rittal TS8 Passiv	0007		
	Hausverkabelung	0040	0007	Hausverkabelung endet in 0007
	Datenschrank Rittal TS8 Aktiv	0008		
	Thinclient Terra 3770	0032	0033	Benötigt BS zum Arbeiten
	Terra OS	0033		
	DNS Server	0013	0007	DNS läuft auf 0007
	Active Directory	0015		
	WT-Server01	0007	0008	Eingebaut in 0008
	Windows2008 BS	0029	0007	Installiert auf 0007
	Serverzugriffs-lizenz	0041		Verbunden mit 0029

Tabelle 9 Aufstellung CI Internetdienst

Anhang D - Aufstellung aufgenommener Komponenten

Komponente	Komponenten Nummer
Desktop PC	0001
BS Lizenz Win7	0002
Terminalserver Cal	0003
Switch Cisco	0004
Router Lancom 1721 VPN	0005
Internetprovider Hansenet	0006
Datenschrank Rittal TS8 Passiv	0007
Datenschrank Rittal TS8 Aktiv	0008
Cisco Router Hansenet	0009
Panda Firewall	0010
Lancom Central Gateway	0011
Switch HP ProCurve	0012
DNS Server	0013
WT-Server01	0014
Active Directory	0015
ESXI 2	0016
VMWare4	0017
SAN	0018
BS Win2003 WTCom	0019
Tobit Fx Software	0020

Komponente	Komponenten Nummer
Tobit Cal	0021
Office 2010 Lizenz	0022
Domain Cal	0023
Internetprovider Dt. Telekom	0024
SAN	0025
ESXI1 Server	0026
VMWare4	0027
Virtueller Druckserver BS Windows 2003	0028
BS Windows2008	0029
Sharp Ar-M 3500	0030
Router Siemens SL	0031
Thinclient Terra 3770	0032
Terra OS	0033
Internetprovider Hansenet	0034
Cisco Switch 16 Port - 1	0035
Thinprint Software	0036
Thinprint Cal	0037
Terminalserver 2003-01 BS	0038
Rittal Flatpack	0039
Hausverkabelung	0040
Server Zugrifflizenz	0041

Tabelle 10 Aufstellung identifizierter Cis

Literaturverzeichnis

Printmedien

Amt für Veröffentlichungen (2010): Die neue KMU-Definition Benutzerhandbuch
und Mustererklärung, o.O. 2010

Buchsein, R.; Machmeier, V. (2008): IT-Management mit ITIL® V3: Strategien,
Kennzahlen, Umsetzung, 2. Aufl., Wiesbaden 2008

Earl, M. J. (2001): Information Management: The Organizational Dimension, o.O.
2001

Elsässer, W. (2006): , 2. Auflage, o.O. 2006

Elsässer, W. (2006): Configuration-Management, 2. Aufl., o.O. 2006

Freund, J.; Rücker, B.; Henninger, T. (2010): Praxishandbuch BPMN, München
2010

Fröhlich, M.; Glasner, K. (2007): IT Covernance als Treiber der IT, 1. Aufl.,
Wiesbaden 2007

Hess, A.; Humm, B.; Voß, M. (2006): Regeln für serviceorientierte, in: Informatik
Spektrum 2006

Hofmann, J.; Schmidt, W. (2010): Kompetenzen des IT Bereichs, 2. Aufl., o.O. 2010

J. van Bon, T. V.; Verheijen, T. (2007): 18.6. Stärken und Schwächen von ITIL, o.O.
2007

Söbbing, T. (2005): Gründe, die gegen ein Outsourcing-Projekt sprechen, 2006 2005

Sonja Gust von Loh (2008): Wissensmanagement und Informationsbedarfsanalyse in
kleinen und mittleren Unternehmen, in: Information Wissenschaft & Praxis 2008

van Bon, J.; Jong, A. d.; Kolthof, A.; Pieper, M.; Tjassing, R.; van der Veen, A.;
Verheijen, T. (2008): Foundations in IT Service Management basierend auf ITIL
V3, o.O. 2008

Internetquellen

o.V. (2010): Ereignisgesteuerte Prozessketten,
CIS.cs.tu-
berlin.de/Forschung/Projekte/neweconomy/lernmodule/infMod_gp_epk/Output/ht
ml/b13.html, Stand: 16.12.10,
Dateiname:
cis_cs_tu_berlin_de_Forschung_Projekte_neweconomy_lernmodule.pdf

o.V. (2010): AHP & NWA - Vergleich und Kombination beider Methoden,
http://community.easymind.info/page-77.htm, Stand: 26.9.2010,
Dateiname: community_easymind_info_page_77_htm.pdf

o.V. (2010): ITIL für unterschiedliche Unternehmensgrößen,
http://wiki.de.it-
processmaps.com/index.php/ITIL_f%C3%BCr_unterschiedliche_Unternehmensgr
%C3%B6%C3%9Fen, Stand: 29.12.10,
Dateiname: ITIL für unterschiedliche Unternehmensgrößen - IT Process Wiki.pdf

o.V. (2010): What is the Balanced Scorecard?,
http://www.balancedscorecard.org/BSCResources/AbouttheBalancedScorecard/ta
bid/55/Default.aspx, Stand: 15.12.10,
Dateiname:
www_balancedscorecard_org_BSCResources_AbouttheBalancedScore.pdf

o.V. (2011): camunda,
http://www.camunda.com/, Stand: 11.1.11,
Dateiname: camunda services GmbH the business process company.pdf

o.V. (2010): Prozessoptimierung im Mittelstand: Sieben prämierte Business-
Lösungen im Profil,
http://www.computerwoche.de/mittelstand/1862318/index2.html, Stand: 27.12.10,
Dateiname: www_computerwoche_de_mittelstand_1862318_index2_html.pdf

o.V. (2010): Vier Architekturausrichtungen,
http://www.computerwoche.de/software/software-
infrastruktur/1855356/index4.html, Stand: 6.12.2010,
Dateiname: www_computerwoche_de_software_software_infrastruktur_1855356
(1).pdf

o.V. (2010): Die Unified Modeling Language - UML,
http://www.fbi.h-da.de/labore/case/uml.html, Stand: 16.12.10,
Dateiname: www_fbi_h_da_de_labore_case_uml_html.pdf

o.V. (2010): Über ISACA ,
http://www.isaca.org/german/Pages/default.aspx, Stand: 9.12.2010,
Dateiname: www_isaca_org_german_Pages_default_aspx.pdf

o.V. (2010): COBIT Framework for IT Governance and Control ,
http://www.isaca.org/Knowledge-Center/COBIT/Pages/Overview.aspx, Stand:
21.9.2010,
Dateiname:
www_isaca_org_Knowledge_Center_COBIT_Pages_Overview_aspx.pdf

o.V. (2010): Was ist ISO 20000? - Überblick,
http://www.iso20000.ch/de/vomkennen/iso20000/ueberblick/index.php, Stand:
21.9.2010,
Dateiname:
www_iso20000_ch_de_vomkennen_iso20000_ueberblick_index_php.pdf

o.V. (2010): What is ITIL?,
http://www.itil-officialsite.com/AboutITIL/WhatisITIL.asp, Stand: 21.9.2010,
Dateiname: www_itil_officialsite_com_AboutITIL_WhatisITIL_asp.pdf

o.V. (2010): itwissen.info,
http://www.itwissen.info/definition/lexikon/information-technology-
infrastructure-library-ITIL.html, Stand: 10.12.2010,
Dateiname: www.itwissen.info_definition_lexikon_information-technol.pdf

o.V. (2010): itwissen.info,
http://www.itwissen.info/definition/lexikon/ISO-IEC-20000-20000.html, Stand:
10.12.2010,
Dateiname: www.itwissen.info_definition_lexikon_ISO-IEC-20000-20000.pdf

o.V. (2010): http://www.itwissen.info,
http://www.itwissen.info/definition/lexikon/Management-Informationssystem-
MIS-management-information-system.html, Stand: 19.9.2010,
Dateiname:
www_itwissen_info_definition_lexikon_Management_Informations.pdf

o.V. (2010): SPOF (single point of failure),
http://www.itwissen.info/definition/lexikon/single-point-of-failure-SPoF.html,
Stand: 15.12.10,
Dateiname: www_itwissen_info_definition_lexikon_single_point_of_failure.pdf

o.V. (2010): Warum Controlling?,
http://www.kmu-
web.eu/Informationen/Management/Controlling/tabid/210/Default.aspx, Stand:
12.10.2010,
Dateiname:
www_kmu_web_eu_Informationen_Management_Controlling_tabid_21.pdf

o.V. (2010): Data Warehousing,
http://www.microsoft.com/germany/sql/2008/loesungen/datawarehouse.mspx,
Stand: 19.9.2010,
Dateiname:
www_microsoft_com_germany_sql_2008_loesungen_datawarehouse_m.pdf

o.V. (2010): OGC,
http://www.ogc.gov.uk/about_ogc_who_we_are.asp, Stand: 10.12.2010,
Dateiname: ww.ogc.gov.uk_about_ogc_who_we_are.asp

o.V. (2010): ITIL,
http://www.ogc.gov.uk/guidance_itil_4671.asp, Stand: 17.10.2010,
Dateiname: ITILDiagram1.jpg

o.V. (2010): Oracle Data Warehousing,
http://www.oracle.com/de/technologies/datawarehousing/index.html, Stand:
19.9.2010,
Dateiname:
www_oracle_com_de_technologies_datawarehousing_index_html.pdf

o.V. (2010): What is PRINCE2? - PRINCE2 Definition,
http://www.prince2.com/what-is-prince2.asp, Stand: 21.9.2010,
Dateiname: http://www.prince2.com/what-is-prince2.asp

o.V. (2010): PDCA-Zyklus,
http://www.qm-wissen.de/wissen/qm-lexikon/pdca-zyklus.php, Stand: 15.12.10,
Dateiname: www_qm_wissen_de_wissen_qm_lexikon_pdca_zyklus_php.pdf

o.V. (2011): CMDB Manager,
http://www.usu.de/it_management_solutions/infrastructure_management/cmdb_m
anager.html, Stand: 13.01.11,
Dateiname:
www_usu_de_it_management_solutions_infrastructure_management.pdf

o.V. (2010): Data Warehouse,
http://www-01.ibm.com/software/data/infosphere/warehouse/, Stand: 19.9.2010,
Dateiname: www_01_ibm_com_software_data_infosphere_warehouse.pdf

o.V. (2010): IT-Grundschutz,
https://www.bsi.bund.de/cln_156/DE/Themen/ITGrundschutz/StartseiteITGrunds
chutz/startseiteitgrundschutz_node.html, Stand: 19.12.10,
Dateiname:
www_bsi_bund_de_cln_156_DE_Themen_ITGrundschutz_StartseiteIT.pdf

o.V. (2010): https://www.bsi.bund.de,
https://www.bsi.bund.de/cln_156/DE/Themen/weitereThemen/ITGrundschutzKat
aloge/Inhalt/inhalt_node.html, Stand: 26.9.2010,
Dateiname:
www_bsi_bund_de_cln_156_DE_Themen_weitereThemen_ITGrundschut.pdf

Kessinger, K.; Marv Gellman, K. (2010): ISACA Launches Risk IT Framework to
Help Organizations Balance Risk with Profit (German),
http://www.isaca.org/About-ISACA/Press-room/News-
Releases/German/Pages/ISACA-Launches-Risk-IT-Framework-to-Help-
Organizations-Balance-Risk-with-Profit-German.aspx, Stand: 15.12.10,
Dateiname:
www_isaca_org_About_ISACA_Press_room_News_Releases_German_Pa.pdf

Klodt, H.; Lackes, R.; Siepermann, M.; Rürup, B.; Gruescu, S.; Klein, M. (2010):
Gabler Wirtschaftslexikon,
http://wirtschaftslexikon.gabler.de/Archiv/3225/erp-v10.html, Stand: 15.12.10,
Dateiname: wirtschaftslexikon_gabler_de_Archiv_3225_erp_v10_html.pdf

Lackes, R. (2011): Wirtschaftsinformatik,
http://wirtschaftslexikon.gabler.de/Archiv/75122/wirtschaftsinformatik-v5.html,
Stand: 18.01.2011,
Dateiname: zitierfähige URL (_Archiv_75122_wirtschaftsinformatik-v5.html) für
Wirtschaftsinformatik (Version_ 5).pdf

Lackes, R.; Siepermann, M. (2010): ereignisgesteuerte Prozesskette,
http://wirtschaftslexikon.gabler.de/Archiv/74890/ereignisgesteuerte-prozesskette-
v6.html, Stand: 16.12.10,
Dateiname: wirtschaftslexikon_gabler_de_Archiv_74890_ereignisgesteuerte.pdf

Lackes, R.; Siepermann, M. (2010): UML,
http://wirtschaftslexikon.gabler.de/Archiv/76912/uml-v5.html, Stand: 16.12.10,
Dateiname: wirtschaftslexikon_gabler_de_Archiv_76912_uml_v5_html.pdf

Latniak, E. (2010): ITler unter Stress: Burn-out programmiert,
http://www.heise.de/newsticker/meldung/ITler-unter-Stress-Burn-out-
programmiert-1096291.html, Stand: 25.9.2010,
Dateiname: heise online - ITler unter Stress_ Burn-out programmiert.pdf

Leymann, P. F. (2010): Business Process Model and Notation (BPMN),
http://wirtschaftslexikon.gabler.de/Archiv/569795/business-process-model-and-
notation-bpmn-v1.html, Stand: 16.12.10,
Dateiname: wirtschaftslexikon_gabler_de_Archiv_569795_business_process.pdf

Software Engineering Institute (2010): CMMI,
http://www.sei.cmu.edu/cmmi/, Stand: 15.12.10,
Dateiname: www_sei_cmu_edu_cmmi.pdf

Vaske, H. (2010): Die CMDB - Drehscheibe für IT-Services,
http://www.computerwoche.de/software/software-
infrastruktur/1855356/index2.html, Stand: 6.12.2010,
Dateiname:
www_computerwoche_de_software_software_infrastruktur_1855356.pdf